STEPHAN HUCK (HG.)

DIE SEE REVOLUTIONIERT DAS LAND

Deutsches Marinemuseum
Wilhelmshaven

INHALT

VORWORT

- 05 STEPHAN HUCK
- 07 JÖRG HILLMANN
  Grusswort zur Ausstellungseröffnung
- 09 ANDREAS WAGNER
  Grusswort zur Ausstellungseröffnung vom Oberbürgermeister

ESSAYS

- 13 STEPHAN HUCK
  Die deutschen Marinen und die Revolution von 1918/19
- 23 DORIS TILLMANN
  Blaue Jungs oder rote Matrosen: Marinesoldaten als Ikonen der Revolution
- 33 MARK JONES
  Die Ehre der Gewalt. Ehemalige Seeoffiziere und politischer Mord in der frühen Weimarer Republik
- 41 JENS GRAUL
  Die Revolution in Wilhelmshaven-Rüstringen: Oktober 1918 – Februar 1919
- 51 STEFAN IGLHAUT
  Von der Peripherie ins Zentrum. Einschätzungen und Kommentare zum Matrosenaufstand und zur Revolution 1918/1919
- 61 JEANPAUL GOERGEN
  Geschichtslektionen: Die Novemberrevolution 1918 in Film und Fernsehen
- 71 MICHAEL UHL
  »Feuer aus den Kesseln« nach Ernst Toller

- 76 **12 AKTEURE**
  STEPHAN HUCK / DANIEL HIRSCHMANN
  Kurzbiographien der 12 Akteure

- 128 **DIE AUSSTELLUNG**
- 134 **AUTORENVERZEICHNIS**
- 138 **IMPRESSUM**

VORWORT

MUSEUMSLEITER

STEPHAN HUCK

Die Revolution von 1918/19 gehört seit nunmehr einhundert Jahren zu den zentralen Erinnerungsorten der deutschen Marinen. War die Marine im 1871 gegründeten Kaiserreich als nationales Prestigeprojekt auf- und ausgebaut worden und hatte diesem zum ersehnten »Platz an der Sonne« (Bernhard von Bülow) verhelfen sollen, so fand sie sich 1918 unerwartet in der Rolle des Königsmörders wieder: Matrosenunruhen gegen einen als sinnlos empfundenen Auslaufbefehl wandelten sich binnen weniger Tage zu einer gesamtgesellschaftlichen Umsturzbewegung, die am 9. November 1918 in der Verkündung der Abdankung des Kaisers und der Ausrufung der Republik in Berlin gipfelte. Diese Vorgänge mündeten nach einer durchaus gewaltsamen Phase des Streits um die künftige Ordnung des Reiches in der Begründung der ersten deutschen parlamentarischen Demokratie in Weimar. Auch und gerade an den Rändern des politischen Spektrums spielten Marineangehörige in diesen und den darauffolgenden Monaten zentrale Rollen: sie wurden als sogenannte »Rote Matrosen« zu Symbolfiguren der Veränderung, traten aber auch auf Seiten der Freikorps und der aus der Marinebrigade Ehrhardt hervorgegangenen Organisation »Consul« als Vertreter der Reaktion in Erscheinung. Es ist angesichts dieser Rolle verständlich, dass die Revolution für viele Jahre von den deutschen Marinen als schwieriges Erbe angesehen wurde.

Nach einer intensiven, vierjährigen Betrachtung der Geschichte der Kaiserlichen Marine im Ersten Weltkrieg mit den beiden Sonderausstellungen »Die Flotte schläft im Hafen ein« (2014) und »Skagerrak. Seeschlacht ohne Sieger« (2016) lag es für das Deutsche Marinemuseum daher auf der Hand, diese Beschäftigung 2018 mit einer großen Sonderausstellung zur Rolle der Kaiserlichen Marine in der Revolution abzuschließen. Diese Ausstellung erzählt, wie im Herbst 1918 die Grundlagen der ersten deutschen Demokratie erstritten wurden, zeigt aber auch, wie dieser das Auseinanderdriften der Gesellschaft voranging. Diese Ausstellung handelt somit von Demokratisierung und Radikalisierung. Zwei Begriffe von großer Aktualität.

Der im Logoschriftzug des Museums »Deutsches Marinemuseum Wilhelmshaven« noch erkennbaren doppelten geographischen Verpflichtung auf die nationalstaatliche wie auf die regionale Perspektive des Museumsstandortes folgend, nimmt die zweiteilige Ausstellung beide Blickwinkel auf: Ein gemeinsam mit der Stadt Wilhelmshaven realisierter, über den Sonderausstellungszeitraum hinaus bestehen bleibender Informationsparcours spürt den lokalen

Revolutionsereignissen nach, während die Sonderausstellung selbst das Thema anhand von elf Akteuren und einer Akteurin entwickelt. Sie alle werden in diesem Begleitband vorgestellt. Zuvor widmen sich der Beitrag von Doris Tilmann der Symbolkraft der Matrosenfigur, jener von Mark Jones den gewaltsamen Aspekten der Revolutionsgründungsphase und der von Jeanpaul Goergen, Michael Uhl, Stefan Iglhaut und Stephan Huck verschiedenen wirkungs- und rezeptionsgeschichtlichen Aspekten der Epoche.

Jens Graul zeichnet in seinem Beitrag den spezifischen Verlauf der Revolution in den Jadestädten nach.

Ausstellungen wie diese sind stets Gemeinschaftswerke: allen, im Anhang namentlichen genannten und auch den ungenannten, sei an dieser Stelle für ihr Mitwirken, ihre Kreativität und ihr Engagement gedankt.

GRUSSWORT ZUR AUSSTELLUNGSERÖFFNUNG
KAPITÄN ZUR SEE UND KOMMANDEUR ZENTRUM FÜR MILITÄRGESCHICHTE UND SOZIALWISSENSCHAFTEN DER BUNDESWEHR

JÖRG HILLMANN

Die Revolution am Ende des Ersten Weltkrieges ist ein einschneidendes Ereignis in unserer Geschichte. Am Anfang stand freilich die Meuterei von Matrosen hier in Wilhelmshaven, die Anlass für diese Ausstellung ist. Von Wilhelmshaven aus wurde der revolutionäre Funke nach Kiel getragen – von dort weiter in das gesamte Reich. Nach vier Jahren Krieg sahen sie nicht ein, noch zu einer Todesfahrt auszulaufen, obwohl der Friede bereits in Sicht war. Doch nicht nur die Sehnsucht nach Frieden ließ sie das Feuer aus den Kesseln ziehen. Das vielleicht wichtigste Motiv war ihr Unwille, für die Ehre von Offizieren zu sterben, die sie im Verlauf des Krieges schlecht behandelt hatten. Als sie sich 1917 das erste Mal friedlich dagegen erhoben hatten, hatten diese Offiziere vielmehr brutal durchgegriffen und zwei der eigenen Kameraden hingerichtet, um ein Exempel zu statuieren.

Dieses sollte sich nicht noch einmal wiederholen. Um erfolgreich zu sein, verbündeten sich die Matrosen daher bald mit streikenden Arbeitern und Soldaten, die ebenfalls ihren Gehorsam verweigerten. Sie alle einte der Wille, dass der Krieg zu Ende ginge und nach den Millionen Opfern niemand mehr unnötig sterben müsse. Hinzu kam später der Wille, das bisherige kaiserliche Regime zu stürzen. Dieses war nicht nur für den Krieg verantwortlich. Entgegen allen Versprechungen der Reichsleitung hatte die »Burgfriedenspolitik« nicht die lange überfällige politische Gleichberechtigung und mehr soziale Gerechtigkeit für die große Mehrheit der Bevölkerung zur Folge gehabt. Mit unglaublicher Zähigkeit hatten die »alten Eliten« vielmehr ihre Stellung verteidigt.

Damit sollte nun Schluss sein. Arbeiter- und Soldatenräte schossen wie Pilze aus dem Boden, um einer neuen Ordnung den Weg zu ebnen. Wie diese konkret aussehen sollte, war zwischen den Beteiligten umstritten. Gleichwohl, die Masse der Räte war demokratisch orientiert. Dass die Revolution schließlich doch in einem Bürgerkrieg endete, anstatt der Beginn einer stabilen Demokratie zu sein, gehört zu den tragischen Entwicklungen der deutschen Geschichte des 20. Jahrhunderts.

Für das Zentrum für Militärgeschichte und Sozialgeschichte der Bundeswehr in Potsdam ist diese Phase ein wichtiger Gegenstand der Forschung. Mit der Unterstützung dieses Katalogs tragen wir dazu bei, diese weiter in unserem kollektiven Gedächtnis zu verankern.

Ich wünsche der Ausstellung viele Besucher und dem Deutschen Marinemuseum weiterhin alles Gute auf dem eingeschlagenen glücklichen Weg.

GRUSSWORT ZUR AUSSTELLUNGSERÖFFNUNG:
OBERBÜRGERMEISTER

ANDREAS WAGNER

Im Jahr 2018 gedenkt die Stadt Wilhelmshaven der deutschen Revolution von 1918. Und das aus gutem Grund: Die Bewegung, die in das Ende des Wilhelminischen Kaiserreiches am 9. November und die erste deutsche Demokratie mit der Verabschiedung der Weimarer Reichsverfassung am 31. Juli 1919 mündete, nahm hier auf der Jade ihren Ausgang.

Am 29. Oktober 1918 widersetzten sich Matrosen auf den Großkampfschiffen vor Wilhelmshaven einem als sinnlos empfundenen, eigenmächtigen Befehl der Militärs zu einem Vorstoß gegen die britische Flotte. War dieser Ungehorsam zunächst auf das Militär beschränkt, so weitete sich die Bewegung ausgehend von einem nach Kiel entsandten Geschwader dort schnell zu einer breiten Revolutionsbewegung aus. Dieser ergriff zunächst die Küstenorte, später fast das ganze Reichsgebiet und die Hauptstadt Berlin. Am 6. November kehrte die Bewegung als Revolution auch nach Wilhelmshaven zurück und gipfelte in der Ausrufung der »Sozialistischen Republik Oldenburg Ostfriesland« am 10. November 1918.

Nicht zuletzt wegen der in der Revolutionsepoche durchgeführten Experimente mit dem Rätesozialismus und wegen des Scheiterns der Weimarer Republik war diese Revolution über Jahrzehnte weitgehend ignoriert, wenn nicht gar stigmatisiert worden. Wenn diese Perspektive erklärlich und in Teilen vielleicht sogar berechtigt ist, blendet sie doch die historische Rolle der Revolution als Wegbereiterin der ersten deutschen Demokratie aus. Gerade in politisch unruhigen Zeiten bietet die Beschäftigung mit der Revolution viel Raum zum Nachdenken. Sie kündet von der Sehnsucht der Menschen nach Teilhabe und Demokratie, zeigt aber auch, wie Gesellschaften auseinanderdriften und sich einzelne radikalisieren können.

Wilhelmshaven erinnert an diese Ereignisse mit zahlreichen Veranstaltungen. Im Mittelpunkt steht ein auf Initiative des Deutschen Marinemuseums gemeinsam mit diesem entwickelter Informationsparcours, der sich den »genius loci« zu Eigen macht und den Verlauf der historischen Ereignisse zwischen Oktober 1918 und Januar 1919 im Stadtgebiet dauerhaft sichtbar macht. Seine Entstehung markiert zugleich einen Meilenstein in der vertieften Kooperation des inzwischen 20 Jahren alten Museums und der Stadtverwaltung.

Ergänzt werden die Aktivitäten um eine gemeinsame Fachtagung, die zusammen mit der Oldenburgischen Landschaft im Küstenmuseum Wilhelmshaven veranstaltet wird, sowie die Einweihung eines Denkmals am Ort der Ausrufung der »Sozialistischen Republik Oldenburg Ostfriesland« am 100. Jahrestag des Ereignisses. Schließlich sorgen das Deutsche Marinemuseum und die Landesbühne Niedersachsen Nord mit ihrer Ausstellung, der bereits abgeschlossenen Aufführung einer Neufassung des Stücks »Feuer aus den Kesseln« und einem interaktiven Hörspiel zum Informationsparcours dafür, dass die Revolution von 1918 in ihrem 100. Erinnerungsjahr einer breiten Öffentlichkeit zugänglich gemacht wird. Dazu werden sie auch im Rahmen der Veranstaltungsreihe »Revolution im Nordwesten 1918/19« der Oldenburgischen Landschaft unter der Schirmherrschaft des niedersächsischen Ministerpräsidenten beworben.

Der Sonderausstellung des Deutschen Marinemuseums »Die See revolutioniert das Land« und den sich darum entwickelnden Programmpunkten wünsche ich viel Erfolg und breite Akzeptanz.

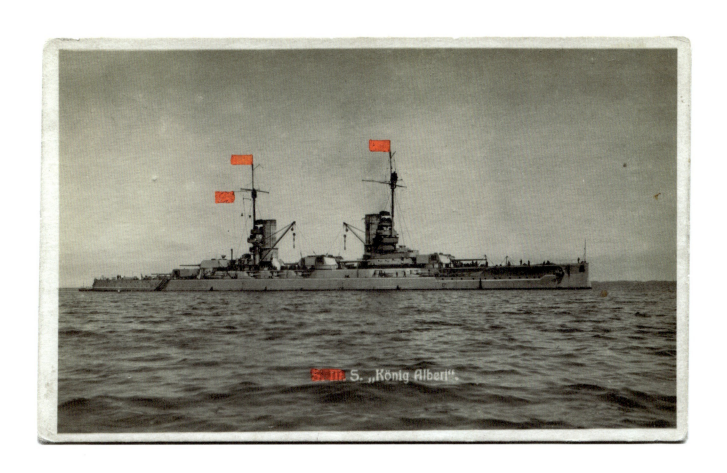

Postkarte von »König Albert« mit roten Flaggen vom 10.11.1918
DMM 1999-152-001

ESSAYS

DIE DEUTSCHEN MARINEN UND DIE REVOLUTION VON 1918/19

STEPHAN HUCK

Ab 1898 rüstet das deutsche Kaiserreich massiv zur See auf. Die sogenannte Hochseeflotte soll dem noch jungen Reich zu Weltgeltung und einem »Platz an der Sonne« neben den etablierten europäischen Großmächten verhelfen. Die Marine wird so zur Projektionsfläche nationaler Hoffnungen.

Das Militär besitzt im Kaiserreich einen hohen Stellenwert. Während der Adel die Offiziersstellen im Heer besetzt, bietet die wachsende Marine aufgrund des Bedarfs an qualifiziertem Personal dem Bürgertum Aufstiegschancen. Auch dieses aber strebt adeligen Verhaltensnormen nach. Qualifizierten Arbeitern bietet die Marine die Chance auf einen verkürzten Wehrdienst und zudem die Hoffnung auf Reisen in ferne Länder. Diese werden freilich zumeist enttäuscht. Denn der Name Hochseeflotte darf nicht darüber hinwegtäuschen, dass die mehrheitlich in Kiel und Wilhelmshaven stationierte Flotte lediglich für den Einsatz in der Nord- und Ostsee konzipiert ist.

Sie ist in Stärke und Ausrüstung in zweifacher Hinsicht an der damals stärksten Flotte ausgerichtet: Der britischen Royal Navy. Sie soll die Kaiserliche Marine zum attraktiven Partner des Inselreichs machen, aber auch in der Lage sein, dessen Marine in heimatnahen Gewässern zu schlagen. Die mögliche Seeschlacht mit der »Grand Fleet« wird daher zum wichtigsten Ausbildungsinhalt der Hochseeflotte.

DER KRIEG

Großbritannien sucht das Bündnis mit dem Deutschen Reich nicht. Vielmehr wendet es sich ab 1904 Frankreich und Russland zu. Das Deutsche Reich steht nun isoliert da. Die politische Atmosphäre in Europa ist spannungsgeladen, 1914 entzündet das Attentat Gavrilo Princips auf das österreichische Thronfolgerpaar den Ersten Weltkrieg. Der Kaiser verkündet in Berlin die nationale Aufgabe des Kampfes und den Burgfrieden mit der SPD, die noch bis 1890 als staatsfeindliche Partei bekämpft wurde, gleichwohl aber seit 1912 die stärkste Fraktion im Reichstag darstellt.

Die Soldaten auf den Großkampfschiffen in Wilhelmshaven wähnen sich nun in einem Verteidigungskrieg gegen das Inselreich und erwarten täglich die Seeschlacht, für die sie seit Jahren trainiert werden. Doch Großbritannien sucht die Schlacht nicht und lässt das Deutsche Reich mit einer Fernblockade gleichsam am ausgestreckten Arm verhungern. Statt des erwarteten und von manchem erhofften Kampfes prägen Monotonie und Langeweile den Alltag. Mit fortschreitender Dauer des Krieges wird der reichsweite Verpflegungsmangel – der auch, aber nicht ausschließlich eine Folge der Blockade ist – an Bord spürbar. Doch trifft er die Besatzung in ungleichem Maße: Da Offiziere ihre Verpflegung aus eigenen Mitteln aufbessern können und von diesem Privileg ohne Hemmungen Gebrauch machen, leiden vor allem die Mannschaften unter dem Mangel. Die Kluft »zwischen der Messe und der Back« vertieft sich. Den Mannschaften geht durch diese Ungleichbehandlung und schickanöse Routine an Bord das zu Beginn des Krieges noch vorherrschende Gefühl der Gemeinschaft verloren. Die Rufe nach Veränderung werden lauter.

DAS WENDEJAHR 1917

Ähnlich wie im Deutschen Reich hat auch das russische Zarenreich strukturell mit den Kriegsfolgen zu kämpfen. Im Februar 1917 erschüttert eine kurze, aber heftige Revolution die Hauptstadt Petrograd. Der Zar wird zur Abdankung gezwungen.

Die Ereignisse wirken bis in das Deutsche Reich, gehören Revolutionen doch fest zur Ideologie der politischen Linken jener Zeit. Über die Frage der Fortfinanzierung des Krieges spaltete sich die SPD Fraktion in eine den Burgfrieden aufrechterhaltende Mehrheitsfraktion (MSPD) und eine für sofortigen, annexionslosen Frieden eintretende Fraktion, die »Unabhängige Sozialdemokratische Partei Deutschlands« (USPD). Sie geht aus dem in sich wiederum gespaltenen linken Flügel der SPD um Hugo Haase und Karl Liebknecht hervor. Doch auch die MSPD bringt zum Verdruss des Militärs eine Friedensresolution in den Reichstag ein. Erstmalig seit Kriegsbeginn organisieren sozialistische Parteien eine internationale Friedenskonferenz in Stockholm, die jedoch keine Wirkung entfaltet, da die alliierten Staaten die Teilnahme ihrer jeweiligen Parteien untersagen.

Zeitgleich kommt es in der Hochseeflotte in Wilhelmshaven zu Unruhen über die als unwürdig empfundene Situation auf den Schiffen. Die Matrosen verweigern die Annahme verschimmelten Essens, stoppen sogar ein Schiff mitten im Kaiser-Wilhelm-Kanal (dem heutigen Nord-Ostsee-Kanal) und treten schließlich nach einer abgesagten Kinovorführung in Wilhelmshaven in Streik. Auf einer Kundgebung wird gar der sofortige Frieden gefordert.

Die Vorgänge werden juristisch untersucht und von der militärischen Führung wegen Kontakten einiger der Streikenden zur USPD als politische Umtriebe angesehen und als Vorbereitung zum Hochverrat bewertet. Es werden Todesurteile gefällt und in zwei Fällen sogar vollstreckt.

Die Aufnahme von SMS »Baden« aus dem Kriegsjahr 1916 ist mit »Club der Langeweile« überschrieben.
Privatbesitz

Bis heute ist auch wegen der nicht mehr existenten Prozessakten strittig, wie stark das Verhältnis von Unzufriedenheit und politischer Motivation in diesen Unruhen zu gewichten ist.

Doch spätestens vor dem Hintergrund der Revolution, die Deutschland im November 1918 erfasste, wurden die Marineunruhen von 1917 als Menetekel der Revolution gedeutet.

DER ZUSAMMENBRUCH 1918

Im Oktober 1918 kommt es auf Großkampfschiffen erneut zu Unruhen. Die kriegsmüden Matrosen weigern sich, dem Befehl zu einem als Todesfahrt empfunden Vorstoß gegen die britische Flotte Folge zu leisten, mit dem die Marineführung noch einmal die Existenzberechtigung der Hochseeflotte unter Beweis stellen und ihre Ehre retten will. Denn für die Matrosen scheint der Krieg durch die aufgenommenen Waffenstillstandverhandlungen kurz vor dem Ende zu stehen. Die Heizer ziehen die Feuer aus den Kesseln und vereiteln so den Vorstoß. Wie schon 1917 werden die Beteiligten verhaftet. Zugleich aber werden die Schiffe in ihre Heimathäfen zurückverlegt, um die Lage zu beruhigen. Doch das Gegenteil tritt ein. In Kiel treten die Arbeiter in Streik und solidarisieren sich mit den Soldaten, binnen weniger Tage bricht die Ordnung zusammen. Die Abdankung des Kaisers wird gefordert, ein improvisiertes politisches Programm aufgestellt und Arbeiter- und Soldatenräte eingerichtet. Am 9. November 1918 verkündet Reichskanzler Max von Baden die Abdankung des Kaisers und übergibt das Kanzleramt an Friedrich Ebert, den Vorsitzenden der SPD. Mit der gleichzeitigen Ausrufung einer Republik und einer sozialistischen Republik in Berlin kündet sich ein Streit um die künftige politische Ordnung an, der die nächsten Monate im Deutschen Reich prägen wird.

DER BÜRGERKRIEG DES JAHRES 1919

Marinesoldaten werden in den folgenden Monaten zu Ikonen der Revolution. Fast überall werden sie zu Symbolfiguren der in ganz Deutschland eingerichteten Arbeiter und Soldatenräte – etwa Bernhard Kuhnt in Wilhelmshaven, Karl Artelt in Kiel, Rudolf Egelhofer in München und Paul Wieczorek in Berlin. Eine sogenannte Volksmarinedivision wird dort zum vielleicht wichtigsten, mit Sicherheit aber symbolträchtigsten Verband im Kampf für eine weitreichende Veränderung: Die Einrichtung einer Räterepublik nach russischem Muster, wie sie dort im Oktober 1917 unter Führung von Wladimir I. Lenin errichtet worden war. Doch gerade vor dem Hintergrund der von dort bekannt gewordenen Gräuel ist diese Vision für viele Bürgerinnen und Bürger des Reiches, die vor allem von der Sehnsucht nach Frieden und Veränderung angetrieben werden, weniger Hoffnung denn Schrecken.

Der Streit um die politische Zukunft entzweit das Reich: während die an der Regierung befindlichen Mehrheitssozialdemokraten unter Führung Friedrich Eberts die Zukunft in die Hände einer Nationalversammlung legen wollen, streben Teile des Militärs – die sich zugleich im Bündnis mit der Regierung befinden – die Errichtung einer Militärdiktatur an. Es sind nicht zuletzt junge Marineoffiziere, die sich der Linken gewaltsam entgegenstellen. In Wilhelmshaven wird im Nachgang der Niederschlagung des so genannten Spartakusaufstandes unter Führung des Korvettenkapitäns Hermann Ehrhardt die Marinebrigade Ehrhardt aufgestellt. Mit dem Mandat der Reichsregierung ausgestattet, schlägt sie in Braunschweig und München die Rätebewegung mit äußerster Brutalität nieder und schreckt später auch nicht vor Mord zurück. Im Januar 1919 ermorden Freikorpsoffiziere die Führer der aus der USPD hervorgegangenen Kommunisten: Rosa Luxemburg und Karl Liebknecht.

Es scheint, als hätten das Kriegsende und die Revolution die Marine tief gespalten: in rote Matrosen und schwarze, gleichsam protobraune ehemalige Offiziere.

Plakat »Den Rettern Münchens« zur Niederschlagung der Münchner Räterepublik.
Das Plakat zeigt einen Soldaten, dem Hände entgegengestreckt werden, vor einem blau-weißen Tuch und der Münchner Frauenkirche. Unter einem Gedicht von Franz von Ostini befinden sich die Unterschriften von Generalmajor Arnold Ritter von Möhl (Bayerisches Oberkommando) und Korvettenkapitän und Brigadekommandeur Ehrhardt sowie der Stempel der II. Marinebrigade Wilhelmshaven.
DMM 2018-057-001

DIE ERINNERUNG AN MARINESTREIKS UND REVOLUTION IN DER WEIMARER REPUBLIK UND IM NATIONALSOZIALISMUS

In den Augen vieler ehemalig kaiserlicher Marineoffiziere und des Bürgertums ist die Marine, die der Versailler Vertrag dem Deutschen Reich gestattet, nur noch ein Schatten ihrer selbst. Alle modernen Waffensysteme sind ihr verboten: weder über Großkampfschiffe, noch über Flugzeuge oder Unterseeboote darf sie verfügen. Ihren Personalbestand muss sie von fast 100.000 auf 15.000 verringern. Schuld daran ist in den Augen vieler die Revolution der Heimat, die der kämpfenden Truppe angeblich wie ein Dolchstoß in den Rücken gefallen ist.

Vor allem die politische Rechte macht Front gegen alle, die sich 1918 für eine Beendigung des Krieges eingesetzt haben. Führende Politiker, die sich der Verantwortung gestellt haben, werden von Rechtsextremisten ermordet. Der ehemalige Finanzminister Matthias Erzberger und Außenminister Walther Rathenau fallen Attentaten zum Opfer. In beiden Fällen sind ehemalige Marineangehörige die Attentäter. Sie gehören der Organisation »Consul« an, einer antirepublikanischen und antisemitischen Untergrundorganisation, die aus der 1920 aufgelösten Marinebrigade Ehrhardt hervorgegangen ist.

Das höhere ehemalige Offizierskorps weist mehrheitlich jede Verantwortung für das Scheitern des Krieges und das Ende des Kaiserreichs von sich. Auch in ihren Augen hat das Kriegsende einen Kampf beendet, der siegreich hätte zu Ende geführt werden müssen. Den jungen Offiziersnachwuchs schwören sie in der Marineschule in Flensburg-Mürwik auf die Fortsetzung des Kampfes und Vollendung des Erbes der im Weltkrieg erbrachten Opfer ein: »Nicht klagen, wieder wagen« sowie der lateinische Sinnspruch »Möge aus unseren Gebeinen dereinst ein Rächer entstehen« ist dort in der Aula auf einem 1923 eingeweihten Denkmal für die im Weltkrieg gefallenen Seeoffiziere zu lesen.

Gleichwohl werden die Ursachen, die an Bord der Großkampfschiffe den Unmut im Krieg bis zur Meuterei hatten anschwellen lassen, in einer Reihe von

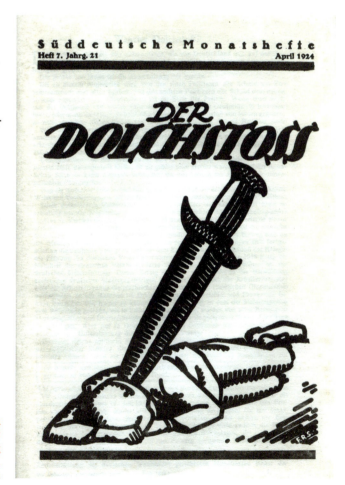

Die Süddeutschen Monatshefte vom 9. April 1924 thematisieren u.a. die Frage: Was ist Dolchstoß? Verkleinerter Nachdruck; Umschlagszeichnung von Friedrich Rudolf Schwemmer, München.
DMM 2018-085-001

Großadmiral Erich Raeder, Oberbefehlshaber der Kriegsmarine
DMM 2016-105-003

sogenannten Winterarbeiten durch jüngere Offiziere aufgearbeitet und daraus Lehren für die Menschenführung an Bord abgeleitet: Künftig sollen Offiziere und Mannschaften näher zusammenrücken, auch getrennte Verpflegung soll es nicht mehr geben.

Ansonsten aber ist die Erinnerung an die Revolution in der Marine ein Tabu, vielleicht sogar ein Trauma, wie manche Historiker meinen.

Seit 1933 rüstet das Deutsche Reich unter nationalsozialistischer Führung konsequent auf und verhaftet oder verfolgt die ehemaligen Führer der Revolution, wohingegen den rechten Mördern von einst Straffreiheit gewährt wird. Der neue politische Wind etwa veranlasst Heinrich Tillessen, den Mörder Matthias Erzbergers, bereits 1932 ins Reich zurückzukehren. Unmittelbar nach der Machtübernahme der Nationalsozialisten gewährt eine Amnestie ihm und allen Straffreiheit »für Straftaten, die im Kampfe für die nationale Erhebung des Deutschen Volkes, zu ihrer Vorbereitung oder im Kampfe für die deutsche Scholle begangen sind«.

Ein ambitionierter Rüstungsplan, der sogenannte Z-Plan, soll die Kriegsmarine zum neuerlichen Kampf gegen Großbritannien ertüchtigen. Bis 1946 sollen acht Schlachtschiffe, vier Flugzeugträger und vieles mehr gebaut werden. Zwei neugebaute Zerstörer werden nach Bruno Heinemann und Wolfgang Zenker benannt; Offizieren, die am 5. November 1918 in Kiel an Bord von SMS »König« bei dem einzigen bekannten Versuch, das Setzen der roten Fahne gewaltsam zu verhindern, ihr Leben verloren haben. Das neue Regime lässt die Dolchstoßlegende, die seit 1925 an Wirkungsmacht verloren hatte, wieder aufleben und erinnert all jener, die sich der Revolution entgegenstellten, als Helden. So werden 1933 auf dem Friedhof von Burg Saaleck Erwin Kern und Hermann Fischer mit großem propagandistischem Pomp exhumiert und erneut beigesetzt: die beiden Attentäter Walther Rathenaus hatten sich dort 1922 verschanzt und bei ihrer Verhaftung Selbsttötung begangen bzw. ihr Leben verloren.

Dem neuen Regime gelten sie als Freiheitskämpfer. Ihr Doppelgrab wird mit einem Gedenkstein versehen, den ein Stahlhelm krönt, womit er einem Kriegerdenkmal ähnelt. »Tu was Du musst,/ sieg oder stirb/ und lass Gott/ die Entscheidung« ist darauf zu lesen. Zusätzlich ziert ihn ein oval gefasstes Wikingerschiff: das Wappen der Marinebrigade Ehrhardt, der beide angehört hatten. Unübersehbar wird der Tod der Attentäter zum Soldatentod umgedeutet und gleich dem hunderttausendfachen Tod der Frontsoldaten als Opfer für eine höhere Sache interpretiert. Das Attentatsopfer Rathenau wird dagegen in der Presse verunglimpft: »Der Opfertod der beiden deutschen Offiziere Fischer und Kern war ein größerer Verlust für Deutschland, als der Tod des damaligen Außenministers Dr. Walther Rathenau«, ist etwa 1934 in der Zeitschrift Fridericus zu lesen.

1939 beginnt das Deutsche Reich unter Führung Adolf Hitlers den Zweiten Weltkrieg. Viel zu früh in den Augen des Oberbefehlshabers der Kriegsmarine, Erich Raeder, um gewonnen werden zu können, hat doch die Aufrüstung gerade erst begonnen. So schreibt er denn auch am 3. September 1939 in das offizielle Kriegstagebuch der Seekriegsleitung: »Nun kann die Marine nichts anderes, als zu zeigen, dass sie mit Anstand zu sterben versteht«. Mit anderen Worten: Ungeachtet der offensichtlichen Chancenlosigkeit wird es keine neuerliche Revolution und Meuterei unter seiner Führung in der Marine geben.

Er hält sein Versprechen. Unter seiner Führung und der seines Nachfolgers, Karl Dönitz, kommen etwa 50.000 deutsche Marinesoldaten im Zweiten Weltkrieg ums Leben, ohne dass sich nennenswerter Widerstand gegen den von Anfang an aussichtslosen Kampf gerichtet hätte. Nach sechs Kriegsjahren kapituliert das Deutsche Reich bedingungslos.

NACHKRIEGSZEIT UND KALTER KRIEG

Deutschland steht 1945 vor einem Scherbenhaufen: die einstige Kulturnation hat in den vergangenen 12 Jahren auf ganzer Linie moralisch versagt, eine anders als 1918 nicht zu leugnende militärische Niederlage erlitten und liegt weitgehend in Trümmern. Sie verliert ihre Souveränität und wird von vier Besatzungsmächten besetzt. Diese einigen sich darauf, das Land vollständig zu demilitarisieren, doch schwindet mit dem Verlust des besiegten

Bis ins Jahr 2000 stand dieser für die Rathenau-Mörder Hermann Fischer und Erwin Kern auf dem Friedhof von Saaleck aufgestellte Gedenkstein von 1933.
DMM 2016-146-016

Gegners Deutschland rasch die Einigkeit der Kriegsallianz. Ideologische Gegensätze zwischen den sogenannten Westmächten USA, Großbritannien und Frankreich auf der einen und der UdSSR auf der anderen Seite brechen auf. Sie münden in die Gründung zweier deutscher Staaten im Jahr 1949: der Bundesrepublik und der DDR. Ab 1955 erhalten beide wieder eigene Streitkräfte.

Diese stehen vor der Notwendigkeit, sich angesichts der Nichtanknüpfungsfähigkeit der Wehrmacht historisch neu zu legitimieren. Die DDR sieht sich in der Tradition des antiimperialistischen und antifaschistischen Kampfes. Sie interpretiert im Sinne des Geschichtsbildes des historischen Materialismus die revolutionären Vorgänge von 1918 und ihre politisch gedeuteten Vorläufer von 1917 als notwendige Revolution auf dem Wege zu einer sozialistischen Gesellschaftsordnung, die nun mit der Gründung des ersten Arbeiter- und Bauernstaates kurz vor der Vollendung steht. Eindrücklich unterstreicht dies der DEFA Film »Das Lied der Matrosen«, der nahezu zeitgleich mit der Aufstellung der Seestreitkräfte 1958 in die Kinos der DDR kommt. Er deutet die Marinestreiks des Jahres 1917 als chancenlosen sozialistischen Kampf gegen den Militarismus des Kaiserreichs.

Indem sich die Seestreitkräfte der DDR 1960 in »Volksmarine« umbenennen, knüpfen sie auch in der Namensgebung an die Ereignisse des Jahres 1918/19 an. Diese Namensgebungstradition setzt sich bis in die Einheiten fort. Schnellboote der OSA-I Klasse erhalten die Namen von Matrosen aus der Zeit 1917/18: Sie heißen etwa »Max Reichpietsch«, »Albin Köbis«, »Rudolf Egelhofer« oder »Paul Wieczorek«. An Bord sind Traditionsbücher zu führen, in denen notiert wird, wie der Namenspatrone im Dienstalltag gedacht wird. In demjenigen des Schnellbootes »Albin Köbis« ist auf dem Vorsatzblatt zu lesen: »Gemeinsam mit Max Reichpietsch war er Mitorganisator des Kieler Aufstandes. Albin Köbis wurde durch Verrat verhaftet und am 05.09.1917 von gewissenlosen Reichswehrsoldaten ermordet.« Die Ereignisse des Jahres 1917 und des Jahres 1918 werden hier unter Missachtung der tatsächlichen Abläufe zu einer einzigen Handlungseinheit verdichtet. Auch im öffentlichen Raum wird der Matrosen gedacht: etwa mit im Stile des sozialistischen Realismus gehaltenen Denkmälern in Rostock und Berlin.

Im Westen sind solche Ehrungen kaum zu finden. Lediglich im westlichen Sektor Berlins erfuhr der 1917 hingerichtete Matrose Max Reichpietsch 1948 eine frühe Ehrung, indem das Tirpitzufer seinen Namen erhielt und bis heute trägt.

Im selben Jahr, in dem die DDR »das Lied der Matrosen« veröffentlichte, sorgt ein ehemaliger Wehrmachtoffizier und Wehrexperte der SPD, Fritz Beermann, in der jungen Bundesmarine für einen bezeichnenden Eklat. Er äußert, ihm seien Reichpietsch und der mit ihm zusammen hingerichtete Heizer Albin Köbis als Vorbilder lieber denn die gerade aus der Haft entlassenen ehemaligen Oberbefehlshaber Raeder und Dönitz und provoziert damit den Protest der anwesenden Offiziere. Die damals ranghöchsten Bundeswehroffiziere, der Generalinspekteur der Bundeswehr, General Adolf Heusinger, und der Inspekteur der Marine, Vizeadmiral Friedrich Ruge, nehmen den Vorgang zum Anlass folgender Verlautbarung: »Reichpietsch und Köbis können nicht die Vorbilder der Bundesmarine sein«, denn sie »waren nicht Wegbereiter der Weimarer Republik, sondern können eher als Vorkämpfer einer Staatsform gelten, wie sie heute in der deutschen Sowjetzone verwirklicht wird; sie werden dort auch als Volkshelden gefeiert.« Diese Verlautbarung unterstreicht, dass sich schon durch die Vereinnahmung der Matrosen für die Traditionspflege des möglichen Gegners jede weitere Beschäftigung mit diesen verbot. Sie unterstreicht aber auch, dass sich die Deutung der Protagonisten der Marinestreiks in West und Ost kaum voneinander unterschied: Beiderseits des Eisernen Vorhangs wurden sie weniger als Rebellen gegen schikanöse Bedingungen an Bord, sondern vorrangig als politische Kämpfer gesehen.

Erst in den 1980ern öffnete sich die bundesrepublikanische Gesellschaft für eine vorsichtige Neubewer-

Gedenkbriefmarken der DDR anlässlich des 50. Jahrestages der »revolutionären Matrosenbewegung«; Nachdruck

2018-004-001/ 2018-004-002/ 2018-004-003

tung der Revolution, wie etwa die allerdings höchst umstrittene Errichtung eines »Feuer aus den Kesseln« betitelten Denkmals von Hans-Jürgen Breuste im Kieler Ratsdienergarten im Jahr 1982 unterstreicht. Dass ein Bundeswehroffizier aber bei der Aufführung des gleichnamigen Stückes von Ernst Toller in Wilhelmshaven zur selben Zeit nur mit Mühen die Fachberatung der Produktion genehmigt bekam, zeigt, wie sehr die westdeutschen Streitkräfte immer noch mit dem Thema fremdelten.

Mit der Wiedervereinigung verlor das immer weiter in die Vergangenheit rückende Thema auch aufgrund des weggefallenen ideologischen Konfliktes an Sprengkraft. Und ist doch an prominentem Ort bis heute sichtbar: Der Hauptsitz des heute in Berlin ansässigen Verteidigungsministeriums, der Bendlerblock, liegt an der Kreuzung Reichpietschufer und Stauffenbergstraße. Eben dort, wo zwei Ikonen der ostdeutschen und der westdeutschen militärischen Traditionspflege im Stadtbild der Hauptstadt aufeinandertreffen.

Zum Weiterlesen:

Hillmann, Jörg: Die Deutschen Marinen des 20. Jahrhunderts und ihr Umgang mit den Ereignissen des Ersten Weltkrieges, in: Epkenhans, Michael; Huck, Stephan: Der Erste Weltkrieg zur See, München 2017, S. 233-241.

Huck, Stephan; Pieken, Gorch; Rogg, Matthias (Hrsg.): Die Flotte schläft im Hafen ein. Kriegsalltag 1914–1918 in Matrosen-Tagebüchern, Dresden 2014.

Groß, Gerhard P.: Eine Frage der Ehre? Die Marineführung und der letzte Flottenvorstoß 1918, in: Duppler, Jörg; Groß, Gerhard P.: Kriegsende 1918. Ereignis, Wirkung, Nachwirkung, München 1999, S. 349-365.

Jones, Mark: Am Anfang war Gewalt. Die deutsche Revolution 1918/19 und der Beginn der Weimarer Republik, Berlin 2017.

Regulski, Christof: Lieber für die Ideale erschossen werden, als für die sogenannte Ehre fallen, Wiesbaden 2014.

Wolz, Nicolas: Und wir verrosten im Hafen. Deutschland, Großbritannien und der Krieg zur See 1914–1918, München 2013.

Rojek, Sebastian: Versunkene Hoffnungen. Die deutsche Marine im Umgang mit Erwartungen und Enttäuschungen 1871–1930, München 2017.

Sabrow, Martin: Die verdrängte Verschwörung. Der Rathenau-Mord und die deutsche Gegenrevolution, Frankfurt 1999.

BLAUE JUNGS ODER ROTE MATROSEN: MARINESOLDATEN ALS IKONEN DER REVOLUTION

DORIS TILLMANN

Bereits im Vorfeld des Ersten Weltkrieges entstanden sehr populäre stereotype Bilder von kämpferischen Marinesoldaten in ihren prägnanten blauen Uniformen, die während der Novembertage 1918 und später in der Rückschau auf die historischen Ereignisse zu Ikonen der Revolution stilisiert wurden. Matrosen waren nicht nur Akteure des politischen Umbruchs, sondern wurden zur lebendigen Symbolfigur der Bewegung. Sie traten als Indikatoren eines von der Küstenregion ausgehenden und sich über das Deutsche Reich ausbreitenden Aufstandes auf; ihre Ankunft wurde vielerorts zum auslösenden Moment revolutionärer Ereignisse. Auch ihr Abbild war ein medienwirksames Motiv bei der Verbreitung des Aufstandes und der Berichterstattung darüber. In der öffentlichen Wahrnehmung wurden die Matrosen als glaubwürdige Leitfiguren angesehen, mit denen sich zugleich ihre politische Aktion legitimierte. Matrosen blieben auch rückblickend bis heute besonders in den visuellen Medien die bestimmenden Protagonisten des Revolutionsgeschehens, während die tragende Rolle der Arbeiterschaft kaum mehr sichtbar ist.

Neben der realen Ereignisgeschichte bedarf jede Massenbewegung zur Vermittlung ihrer Ideen und Leitmotive eingängiger Bilder und leicht verständlicher Symbole; auch herausragende Protagonisten oder Personengruppen wie die Matrosen, ja sogar die politischen Handlungen selbst, etwa Demonstrationen, Proklamationen oder auch bewaffnete Auseinandersetzungen, haben eine solche symbolische Dimension. Diese Symbolik ist stets eingebettet in das Normsystem der Gemeinschaft, in der sie wirksam wird, und sie weist zugleich auf eben dieses Normsystem zurück. Eine Analyse der Symbolik eröffnet somit Einblicke in Wertvorstellungen und Konventionen, die das Umfeld der Bewegung prägen und die diese – abseits konkreter politischer Interessen – vielleicht erst ermöglichen.

Wie aber erhielten gerade die Matrosen ihre starke ikonenhafte Bedeutung im Revolutionsgeschehen? Hatten nicht gerade sie noch wenige Jahre zuvor die Flottenidee des Kaisers und die maritime Aufrüstung medienwirksam personifiziert? Um ihre symbolträchtige Bedeutung und Wirkkraft zu erklären, ist zu prüfen, warum, wie und in welchen Zusammenhängen sich die Marinesoldaten als Leitfiguren der Revolution eigneten, welche Ideen sie oder ihr Abbild transportierten, beziehungsweise welches Wertsystem sie verkörperten und in welcher Wechselwirkung diese Figur zur Revolution stand. Die folgenden Betrachtungen beziehen sich daher nicht auf reale Personen und Ereignisse, sondern auf Motivik und

Ikonografie standardisierter Bilder oder Stereotypen sowie auf deren Wahrnehmung als Symbol beziehungsweise als Signal und darauf, wie dies von seinen Empfängern dechiffriert wurde.

Das stereotype Bild des Matrosen entstand zunächst im Vorfeld des Ersten Weltkrieges: Die Flottenaufrüstung wurde nach der Reichsgründung, aber vor allem nach Verabschiedung der Flottengesetze von hohem Propagandaaufwand begleitet. Illustrierte Zeitschriften und andere populäre Bilder zeigten in großer Fülle Darstellungen vom Flottenbau, von Schiffen und auch von Marineangehörigen, etwa an Bord beim Exerzieren. Anlass der Berichterstattung waren Manöver, Stapelläufe, militärische Einsätze in den Kolonien oder einfach Reportagen über die Flotte oder den Reichskriegshafen Kiel. Vorlagen für die zahlreichen Zeitschriftenillustrationen und andere Druckerzeugnisse lieferte die Marinemalerei, die direkt vom Kaiserhaus gefördert wurde. Fotografische Vorlagen wurden erst nach dem Weltkrieg für den Bilddruck technisch möglich und damit allmählich üblich. Dabei baute die Propaganda ein Bild einer weitgehend anonymen Matrosenfigur ohne individuellen Charakter auf, die geeignet war, die kaiserliche Flottenidee zu verkörpern. Die Marinemannschaften wurden in der Öffentlichkeit als große homogene Gruppe wahrgenommen, nie jedoch als einzelne namhafte Individuen; allenfalls war ihre Zugehörigkeit zu Einheiten oder Schiffen auf dem Mützenband zu lesen. Optisch kenntlich waren die Matrosen durch ihre Uniform mit dem blau-weißen Kragen und der prägnanten Mütze mit den flatternden Seidenbändern, die stark in den Bereich der zivilen Seefahrt verwies. Diese Kleidung war im Gegensatz zu anderen militärischen Uniformen ausgesprochen leger; sie weckte neben seemännischen Assoziation auch den Anschein von Sportlichkeit, Abenteuerlust und großer Souveränität – positive Attribute also, mit denen die Träger dieser Uniform identifiziert wurden. Vielfach wurde auch späterhin – nicht nur im Zusammenhang mit der Revolution – der Freiheitsgedanke mit der Figur des Matrosen oder des Seemanns allgemein verbunden; bildliche Darstellungen nehmen dessen vermeintlich klaren Blick auf den weiten Horizont in den Fokus – eine Idealisierung, die der Realität jedoch nicht gerecht wird, denn gerade das eingeengte Leben an Bord mit strenger Hierarchie und begrenzten Sozialkontakten widerspricht dieser Vorstellung von freier geistiger Entfaltung.

Die positive Wahrnehmung und hohe Popularität der Matrosen in der Kaiserzeit führte nicht zuletzt zur großen Verbreitung ihrer Uniform in der Kindermode als sogenannter Kieler Knabenanzug, der sich weitgehend schichtenübergreifend im ganzen Deutschen Reich – und auch in jeweils spezifischer nationaler Ausformung in anderen Ländern – als obligatorische Kleidung von Schuljungen durchsetzte; Mädchen und junge Frauen trugen Matrosenkleider vor allem beim Sport. Dieser Kleidungsstil zeigt einerseits die positive Aufnahme der Flottenidee in der Bevölkerung, geht aber andererseits auch mit einer Verharmlosung der militärischen Uniform als Kinderkleidung einher.

Verbunden mit dem Seemannsimage der Matrosen waren auch eine gewisse Verruchtheit und ein Draufgängertum, jedoch gepaart mit sympathischer Jungenhaftigkeit. Der Begriff »blaue Jungs« war so positiv besetzt, so dass die Matrosenfigur sogar in der kommerziellen Werbung eingesetzt wurde, und zwar für Produkte von wenig bürgerlichem Image wie Alkohol und Tabak. Ihre starke mediale Präsenz verlieh der Figur zusätzlich Glaubwürdigkeit. Dokumente einer entsprechenden Eigenwahrnehmung der Matrosen sind die vielfach humoristischen Bilder auf den von ihnen verschickten Postkarten oder bei ihnen beliebten Reservistika, deren Darstellungen ihre klischeehafte Trinkfestigkeit und ihre vermeintlich besondere Anziehungskraft auf Frauen beschwören. Auch die Kameradschaft unter Gleichgesinnten wird darauf gern thematisiert: Die starke Solidarität in den eigenen Reihen, auch gegen die Schikanen des Offizierskorps, sollte später im revolutionären Kontext eine besondere Rolle spielen.

Dennoch war mit den Matrosen in erster Linie ein militärisches Männlichkeitsideal verbunden: Sie galten als wehrhaft, mutig und stark und besaßen überlegene technische Kompetenz, geschult im Umgang mit neuester Waffen- und Schiffstechnik. Die ihnen nachgesagte besondere Kaisertreue ist darauf zurückzuführen, dass die Marine als einzige Waffengattung dem Reich direkt zugeordnet war, während die Heerestruppen auf den jeweiligen Landesherrn vereidigt waren. Gepaart mit Begriffen wie Loyalität und Integrität stand das Matrosensymbol auch für patriotische Treue bis in den Tod, die während des Krieges von der Propaganda beschworen wurde. Trotzdem wurden Matrosen nur selten als martialische Krieger mit der Waffe in der Hand dargestellt.

Ein wirkstarker und weit verbreiteter Bildtopos in Kunst und Propaganda war der Matrose als Fahnenschwenker; das Motiv mit dem Banner konnte mit Parolen versehen werden und eignete sich dann für Werbung aller Art, auch für die Marine selbst und für marinezugehörige Einrichtungen. Das motivische Vorbild hierfür ist zum einen der Signalmatrose beziehungsweise Signalgast, der mit dem Flaggenalphabet wichtige Nachrichten und Kommandos von Schiff zu Schiff vermeldet. Zum anderen sind Flaggen oder Fahnen in der Seefahrt und beim Militär stärkste hoheitliche Symbole der Staatszugehörigkeit und Loyalität; das Setzen der Flagge folgt strengen oft ritualisierten Regularien, etwa bei der Inbesitznahme in der Kolonial- und Eroberungspolitik.

Während des Krieges änderte sich die Ikonografie des Matrosenbildes; die Durchhaltepropaganda konzentrierte sich nun auf den einzelnen Mann, den einsamen Helden auf See. Auch hier schwingt ein seemännischer Topos mit: die klassische Schiffbruchdarstellung. Der Kampf gegen das Meer als Synonym für die Urgewalt des Krieges wird konkret zum Kampf gegen den Kriegsgegner England umgedeutet. Der in dieser Hinsicht wohl berühmteste Held ist der »Letzte Mann« auf Hans Bohrdts vielfach reproduziertem Propagandagemälde von 1915; zu sehen ist ein ebenfalls anonymer Matrose,

Postkarte »Flottenbund Deutscher Frauen«, Entwurf Hela Peters, um 1916. Konservative Frauenvereinigungen unterstützten den Krieg, etwa der Flottenbund Deutscher Frauen, der diese Karte gegen Spenden für die Marine abgab. Da der Deutsche Flottenbund von 1898 keine weiblichen Mitglieder aufnahm, hatten die Frauen 1905 einen eigenen Verein gegründet, um die Flottenidee zu unterstützen.
KSSM 196/2017

der noch im Untergang dem Feind trotzig die Fahne entgegenreckt.

Solche propagandistischen Darstellungen waren weit bekannter und prägten das öffentliche Bild stärker als die reale Situation der Mannschaften der Kaiserlichen Marine, die im Zuge des Blockadekrieges in den Häfen zur Untätigkeit verdammt waren und an Bord der Schiffe unter räumlicher Enge, schlechter Versorgung und strenger, oft repressiver Hierarchie litten. Hiervon sind keine bildlichen Darstellungen überliefert, ebenso wenig wie von den einsetzenden Unruhen oder der Politisierung und Widerständigkeit der Mannschaften gegen diese Zustände. Eine weitgehende Pressezensur bewirkte, dass selbst die Vollstreckung der Todesurteile gegen Albin Köbis und Max Reichpietsch 1917 in den zeitgenössischen Medien verschwiegen wurde und erst recht keinen bildlichen Niederschlag fand.

Erst nach der Meuterei in Wilhelmshaven und dem Aufstand Kiel wurden die Vorgänge bei der Marine von den Medien aufgegriffen. Jedoch gibt es auch von diesen Geschehnissen keine Bilder, denn die Aktivitäten waren weitgehend geheim und spontan, und es waren weder Fotografen vor Ort, noch konnte im Dunkeln fotografiert werden. Von den Ereignissen auf den Kieler Straßen, an den Versammlungsorten, in den Kasernen oder an Bord der Schiffe drangen zunächst nur vage textliche Darstellungen und mündliche Berichte nach außen – auch hier griff noch immer die Zensur und gab so der Legendenbildung Vorschub.

Bei den Kieler Novemberereignissen waren rote Fahnen und andere rote Abzeichen die prägnanten Symbole der Revolution. Sie obsiegten über die kaiserlichen Embleme der Offiziere, die diesen von den Aufständischen teils gewaltsam abgenommen wurden. So rissen Matrosen den Offizieren die Rangabzeichen von der Uniform oder zerbrachen deren Säbel als Zeichen der alten Hierarche und Macht – ein Vorgehen, das als überaus schmählich empfunden wurde. Viele Matrosen trugen nun rote Armbinden, entfernten Kokarden von den Mützen und änderten ihre Mützenbänder indem sie das Wort »Kaiserliche« entfernten oder die Buchstaben »SM« von der Inschrift »SMS« (»Seiner Majestät Schiff«) aus den Seidenbändern trennten.

Rote Flaggen, die nicht nur auf allen Schiffen im Hafen, sondern auch auf dem Kieler Schloss gehisst waren, sind das traditionelle Identifikationsemblem linker politischer Bewegungen. Sie wurden 1830 erstmals bei Brotaufständen in Aachen und später in der Märzrevolution 1848 benutzt; die rote Farbe ging auf die Jakobinermützen der Französischen Revolution zurück. Dass die Aufständischen 1918 dieses Symbol verwendeten und gegen die kaiserliche Flagge tauschten, ist ein eindeutig politisches und überaus revolutionäres Zeichen, das weit über die vom Kieler Soldatenrat formulierten 14 Punkte-Forderungen hinausging. Es steht für die generelle Ablösung der Monarchie ebenso wie für die Vision und den tatsächlichen Aufbruch in eine neue, sozialistische Gesellschaft und nicht zuletzt für die Solidarität mit anderen revolutionären Bewegungen. Zugleich war die rote Flagge nicht parteipolitisch festgelegt, sie war vielmehr das Emblem, unter dem sich alle linken Bewegungen zusammenfanden: ob nun deutsche Mehrheitssozialdemokraten, internationale Arbeiterbewegung oder russische Bolschewiki. Mit welcher Vehemenz für das Flaggensymbol gestritten wurde, zeigt die Auseinandersetzung auf SMS »König« während der Kieler Revolutionstage, bei der es zwei Tote gab, als sich die Offiziere gegen das Niederholen der kaiserlichen und das Hissen der roten Fahne zur Wehr setzten. Das Aufziehen der neuen Flagge war das eindeutige Zeichen für einen errungenen Sieg und die vollzogene Machtübernahme.

Ob die Kieler Matrosen auch Fahnen mit sich führten, als sie kurz darauf die revolutionäre Bewegung von der Küste in andere Städte trugen, lässt sich nicht klären, denn entsprechende Bildüberlieferung wie das berühmte Foto der Revolutionäre am Brandenburger Tor vom 9. November 1918 zeigen gern inszenierte Darstellungen oder solche, mit denen die Fotografen bereits vorhandene Bildvorstellungen be-

Postkarte
»Der letzte Mann«;
Abdruck des Gemäldes
von Hans Bohrdt, um 1916
KSSM55/2014

Fotografie
»Demonstrationen am 9.11. in Berlin, Unter den Linden, vor der Alten Bibliothek«, Anonym, 9. November 1918
Bundesarchiv, Bild 183-18594-0045

stätigen. Die Bildidee und ihre Reproduktion standen dabei in Wechselwirkung miteinander.

Vielmehr waren es die »ausschwärmenden« Matrosen selbst, die als Personen zu Ikonen des Aufstandes und zu zeichenhaften Indikatoren revolutionären Handels wurden. Ihre Ankunft in den binnenländischen Städten galt als auslösendes Moment, und erst nach ihrem Eintreffen schlossen sich vielfach örtliche Truppenteile oder die organisierte Arbeiterschaft der Bewegung an, wurden Gefangene befreit und lokale Soldaten- und Arbeiterräte gegründet. Allein dass es sich um uniformierte und bewaffnete Matrosen handelte, machte sie zum visuellen Signal und gab ihnen die Autorität revolutionärer Botschafter. Oft waren es nur wenige Personen, die als Abgesandte der Soldatenräte aus den Küstenstädten kamen; selten sind von ihnen Namen oder parteipolitisch Zugehörigkeit überliefert, und oft wurden sie nur kurz und nur von sehr wenigen Beteiligten in der Öffentlichkeit wahrgenommen. Allein die sich schnell verbreitende Nachricht von ihrem Eintreffen zeigte Wirkung. Ihre starke Rolle als Ikonen verdankten diese Matrosen dabei nicht zuletzt ihrem von der kaiserlichen Marinepropaganda geprägten Image: Ihnen zugeschriebene Entschlossenheit, Wehrhaftigkeit und Integrität wirkten nun im revolutionären Kontext und gaben anderen Aktivisten den Mut, sich ebenso wie in Wilhelmshaven und Kiel auch anderswo dem Aufstand anzuschließen. Es handelte sich überall weitgehend um spontane, nicht zentral gesteuerte Aktivitäten, die jedoch in ihrer großen Zahl und Geschwindigkeit eine erstaunliche Breitenwirkung entwickelten – ein Indiz für die große Zustimmung, die die Bewegung im November 1918 bei den kriegsmüden Massen fand. Als Botschafter der Revolution lieferten die Matrosen in dieser von Unsicherheit und allgemeiner Irritation geprägten Situation ein vertrauenswürdiges Bild von Geschlossenheit und Entschlusskraft; sie waren ein Signal und zugleich starke Garanten für das Gelingen des Aufstandes und das Ende des Krieges. Im Gegensatz zu etwaigen klar greifbaren Einzelprotagonisten mit eindeutiger politischer Positionierung boten die anonymen Matrosen als stereotype Figuren viel Spielraum für verallgemeinernde Interpretation und Legendenbildung rund um das Geschehen, aber auch für Emotionalisierung in verschiedener Richtung.

Die Matrosen wurden im Nachhinein gern als »Sturmvögel der Revolution« bezeichnet (z. B. Adolf Braun, Sturmvögel der Revolution, Berlin 1919 sowie viele weitere teilweise sehr lokale Berichte, die diese Ausdrucksweise benutzten.) Das ebenfalls sehr ausdrucksstarke Bild der »Sturmvögel« geht zurück auf Maxim Gorkis gleichnamiges Lied von 1900, das den Vorabend der Revolution von 1905 in Russland besingt: Dunkle Wolken bedeuten die Düsternis und Bedrohlichkeit vor dem Losbrechen des Sturmes, das aufgepeitschte Meer, das die revolutionäre Situation versinnbildlicht, ist das Lebenselement des Sturmvogels. Nicht ohne Grund wird dieses maritime Wortbild eines flatterhaften Vogels verwendet, denn auch die realen Matrosen waren vor Ort meist nur kurz anwesend, sie zogen schnell weiter und blieben als Personen wenig greifbar. Auch für die spätere Geschichtsschreibung waren sie schwer fassbar, und wo konkrete Überlieferungen fehlten, sollte die lyrische Umschreibung vom »Sturmvogel der Revolution« den Chronisten als Lückenfüller helfen. Somit ist die Verwendung dieses symbolhaften Wortbildes im Nachhinein zugleich ein Indiz für die schlechte Quellenlage zu den örtlichen revolutionären Ereignissen.

Matrosen wurden aber bald auch mit hoher revolutionärer Radikalität, ja sogar mit »bolschewistischer Gefahr« assoziiert: In Russland galten die Marine und die Matrosen der »roten Flotte« als Avantgarde der Revolution und fanden mit dem Gewehr in der Hand Eingang in die propagandistische Bildsprache. Im Zuge der deutschen Revolution wurden die Matrosen mehr und mehr mit der Rätebewegung und deren Positionen gleichgesetzt – Unmittelbarkeit und Direktheit waren Attribute, die den Mannschaften der Marine seit Beginn der Bewegung zugeschrieben wurden. Sie standen damit im Widerspruch zum Parlamentarismus, der mit dem Entschluss zur Wahl zur Nationalversammlung quasi festgeschrieben war. Dass die revolutionären Matrosen ihre Forderungen auch mit Waffengewalt durchzusetzen bereit waren, zeigt das Beispiel der Berliner Volksmarinedivision während der »Weihnachtskämpfe« 1918, die zunächst viel Sympathien bei der Bevölkerung fanden. In ihrem eigenen Selbstverständnis sah sich diese Einheit aus versprengten Matrosen als bewaffnete Ordnungsmacht und einzige »echte« Schutztruppe der Revolution; sie galt aber bald als Unsicherheitsfaktor für die Regierung Ebert.

In ihrer Angst vor weitergehenden revolutionären Aktionen forderte die Regierungspropaganda ab Ende November 1918 die Bevölkerung in vielfältigen Aufrufen und Plakaten massiv zu Ruhe und Ordnung auf. Sie agitierte auch gegen Streiks, die von den Räten organisiert wurden. Folgerichtig findet sich unter den Plakaten des Werbedienstes der Republik, der offiziellen Propagandastelle des Rates der Volksbeauftragten (ab Ende Dezember 1918 Reichsregierung) keine bildliche Darstellung von Matrosen als Revolutionsikonen. Lediglich ein einziges Plakat zeigt ein seemännisches Motiv, und es wandte sich explizit an beziehungsweise gegen die Matrosen selbst, die von der Regierung als Unruhestifter identifiziert wurden.

Plakat
»Kameraden Achtung! Störung des Verkehrs bringt Hungersnot!«;
Entwurf Anonym
(Werbedienst der Republik),
November 1918
Bundesarchiv, Plak 002-003-010

Abgebildet ist darauf ein Signalgast mit dem Flaggensignal »Störung des Schiffsverkehrs«, und sein Text lautet: »Störung des Verkehrs bringt Hungersnot« – Wie ein militärischer Befehl wird den Matrosen vermittelt, ihre Aktivitäten führten zu einer Verschlimmerung der Verhältnisse für die Bevölkerung. Das Plakat des Flaggenwinkers findet im Übrigen Erwähnung in Alfred Döblins Erzählwerk »November 1918. Eine deutsche Revolution«; es hing hiernach im Berliner Marstall, der von Matrosen der Volksmarinedivision besetzt war. Die bald darauf zahlreich aufgelegten Wahlplakate zur Nationalversammlung im Januar 1919 kommen ebenfalls ganz ohne Matrosendarstellungen aus, ein Indiz dafür, dass die revolutionäre Bewegung sich schnell von ihren einstigen Ikonen abgewendet hat. Faktisch bildeten die Matrosen da schon nicht mehr die vermeintlich politisch homogene Gruppe »roter« Revolutionäre, denn spätestens mit der Bildung der Freikorps traten auch »weiße« Matrosen etwa bei der Niederschlagung der Aufstände in Bayern in Escheinung.

Doch in der bereits 1919 einsetzenden Rezeptionsgeschichte zu den Novemberereignissen 1918 steht das imaginäre Bild des roten Matrosen in seiner ganzen Klischeehaftigkeit bald wieder im Zentrum des Narrativs; die symbolhafte Figur geriet dabei allerdings in holzschnittartiger Schwarz-Weißmalerei zwischen die Fronten politischer Polarisierung, denn die unterschiedlichen Lager identifizieren sie entweder als mutigen Helden und Kämpfer für eine gerechtere Welt oder aber als Meuterer, beziehungsweise im Kontext der Dolchstoßlegende als Verräter des Vaterlandes. Geschichtsschreibung und historische Bewertung des Matrosenaufstandes klafften in der Zeit des Kalten Krieges ebenfalls weit auseinander und hielten dabei jeweils an den tradierten Stereotypen fest: In der DDR spielte der Matrose – jetzt neben dem hier ebenso bedeutenden Arbeiter – weiterhin die entscheidende Rolle als Revolutionsikone. Revolutionsdenkmäler und Gemälde im Stil des Sozialistischen Realismus zeigen bewaffnete Marinesoldaten in heroischer Pose, und die Plakate

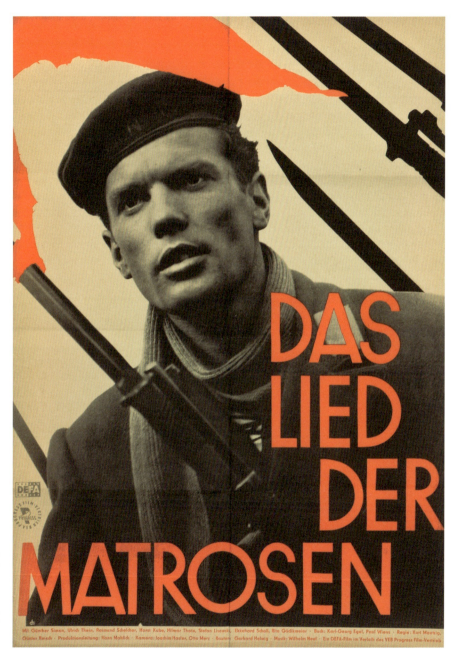

Plakat »Das Lied der Matrosen«, Entwurf: Bert Heller, 1958. 1958 produzierten die DEFA-Studios in staatlichem Auftrag der DDR und mit großem Aufwand den fast zweistündigen Historienfilm »Das Lied der Matrosen«. Das Plakat zeigt den Schauspieler Stefan Lisewski als kämpferischen Matrosen umrahmt von Bajonetten und Fetzen einer roten Fahne.

KSSM 567/2017

zu den alljährlichen Jubiläumsfeiern der Novemberrevolution kannten nur ein Hauptmotiv: den Matrosen mit der roten Fahne. In der BRD dagegen, wo die Dolchstoßlegende noch lange ihre Wirkkraft behielt, blieben die aufständischen Matrosen in der offiziellen Erinnerungskultur lange Zeit unsichtbar. Lediglich die Studentenbewegung 1968/69 verlangte wieder nach revolutionären Ikonen. Doch als man in Kiel nach langen kommunalpolitischen Streitigkeiten Mitte der 1980er Jahre ein Denkmal für den auch stadtgeschichtlich bedeutenden Matrosenaufstand errichten wollte, entschied man sich für eine abstrakt gehaltene Monumentalskulptur, die vom Publikum wenig geliebt und selten verstanden wurde.

Erst Jahre nach der deutsch-deutschen Wiedervereinigung erlebt die Figur des revolutionären Matrosen nun mit dem 100. Jahrestag des Aufstandes nicht nur in Kiel eine Renaissance. (Das aktuelle Kieler Ausstellungsprojekt und seine Begleitpublikation heißen nicht ohne Grund »Die Stunde der Matrosen«). Es ist nicht allein die Konjunktur seemännischer und allgemein maritimer Folklore, die heute für neue Popularität sorgt, sondern die Suche nach einer positiv besetzten erinnerungshistorischen Leitfigur, die die deutsche Demokratiegeschichte in Zeiten von Politikverdrossenheit und wachsenden antidemokratischen Tendenzen personifizieren und greifbar machen kann. So steht die städtische Imagekampagne Kiels zum Jubiläum unter dem Slogan: »100 Jahre Kieler Matrosenaufstand. Demokratie erkämpfen – Demokratie leben«. Doch ob die revolutionären Matrosen wirklich geeignet sind, nachhaltig als Symbol für eine neue, nunmehr gesamtdeutsche demokratiegeschichtliche Erinnerungskultur zu stehen, bleibt abzuwarten.

Zum Weiterlesen:

Schlögl, Rudolf; Giesen, Bernhard; Osterhammel, Jürgen (Hrsg.): Die Wirklichkeit der Symbole. Grundlagen der Kommunikation in historischen und gegenwärtigen Gesellschaften. Konstanz 2004.

Hinrichsen, Ute: Blaue Jungs. Populäre Matrosenbilder seit der Kaiserzeit, Husum 2005.

Kinzler, Sonja: »Sturmvögel der Revolution«. Zur Verbreitung der Revolution durch (Kieler) Matrosen, In: Kinzler, Sonja und Tillmann, Doris (Hrsg.): Die Stunde der Matrosen. Kiel und die deutsche Revolution 1918, Darmstadt 2018, S. 140-149.

Kinzler, Sonja und Tillmann, Doris (Hrsg.): Die Stunde der Matrosen. Kiel und die deutsche Revolution 1918, Darmstadt 2018.

**DIE EHRE DER GEWALT.
EHEMALIGE SEEOFFIZIERE UND POLITISCHER
MORD IN DER FRÜHEN WEIMARER REPUBLIK**

MARK JONES

Am Pfingstsonntag, dem 4. Juni 1922, ging eine Frau spätnachmittags mit ihrer neun Jahre alten Nichte in einem Park bei Kassel spazieren. Plötzlich stürmte an ihrer Linken vorbei ein junger Mann in Richtung ihres 56 Jahre alten Vaters, der sich zehn Meter vor ihr befand. Die Hand des jungen Mannes war in seiner Jackentasche verborgen. Als er ihren Vater erreicht hatte, zog er plötzlich einen Spritzball aus seiner Tasche und zielte auf das Gesicht des Vaters. Binnen weniger Sekunden gab der junge Mann drei Sprühstöße ab: zunächst auf den Unterkiefer des älteren Mannes, dann in seine Nase und Bart und letztendlich ohne sein Opfer zu treffen.

Jedes Mal wenn er auf ihren Vater sprühte, sah die Frau wie »ein Strahl gelblicher Flüssigkeit oder gelblichen Dampfes herauskam, dessen Farbe sich sichtbar gegenüber dem Rot des Balles abhob.« Sobald der Vater der Frau den Angriff realisierte und bemerkte, dass eine Flüssigkeit an seinem Unterkiefer herabrann, schützte er sich, indem er sich instinktiv abwandte und seinen Mund mit seinem Arm bedeckte. Obwohl der Abstand nur wenige Meter betrug, war die Frau doch nicht nahe genug, um eingreifen zu können. Stattdessen rief sie: »Schieße, Vater!« Sie wusste, dass ihr Vater zur Selbstverteidigung im Falle eines Angriffs stets eine Pistole bei sich trug und drängte ihn nun, diese zu benutzen und auf seinen Attentäter zu schießen.

Wenige Augenblick später wandte sich der Angreifer zur Flucht, während der Angegriffene seine Pistole zog und zwei Schüsse abgab. Beide gingen fehl. Dann brach er zusammen. Heftig zitternd lag er 15 Minuten lang bewusstlos auf dem Boden. Aufgrund des in der Luft liegenden Geruchs vermutete der Arzt, der als erster am Tatort erschien, dass es sich bei der verwendeten Flüssigkeit um Blausäure gehandelt habe. Wissenschaftler bestätigten später seinen Verdacht. Sie identifizierten die Substanz als eine Mischung aus »Cyanwasserstoff« in Verbindung mit Alkohol oder Äther. 40 bis 60 Milligramm davon reichten aus, um einen Menschen durch »innere Erstickung« zu töten. Ergänzend bemerkten die Wissenschaftler, die Flüssigkeit »ähnelte in ihrer Zusammensetzung dem im Kriege als Kampfmittel verwendeten Blaukreuzgas, und es ist anzunehmen, daß der Hersteller einigermaßen chemisch geschult gewesen ist.«

Der Mann, der da 15 Minuten bewusstlos auf dem Boden lag, war Philipp Scheidemann; jener SPD-Politiker, der seinerseits von einem Fenster des Reichstags aus am 9. November 1918 die Republik ausgerufen hatte und kurz darauf der zweite Regierungschef der Weimarer Republik geworden war. Zur Zeit des Attentats war er Oberbürgermeister von Kassel. Die Frau, die dem Angriff beiwohnte, war seine Tochter Luise. Scheidemann hatte gerade einen Mordversuch von Deutschlands erster terroristischen Untergrundorganisation überlebt: der »Organisation Consul«.

Andere hatten weniger Glück. Im August 1921 hatte die »Organisation Consul« ihren ersten »spektakulären« politischen Mord verübt: an dem Zentrumspolitiker Matthias Erzberger. Wie bei dem Attentatsversuch auf Scheidemann auch war die Tat draußen verübt worden. Mitglieder der »Organisation Consul« waren Erzberger in die Wälder nahe Offenburg gefolgt, wo er aus kurzer Entfernung erschossen wurde. Mindestens acht Mal hatten die Mörder auf ihn geschossen. Zweieinhalb Wochen nach dem Attentat auf Scheidemann, im Sommer 1922, ermordete eine andere Gruppe junger Männer in Berlin Walther Rathenau, den Außenminister des Deutschen Reiches. Sie parkten ihr Fahrzeug eines Morgens in Sichtweite der Königsallee, die den Grunewald mit dem Kurfürstendamm verbindet. Sobald sie den in einem Wagen chauffierten Rathenau entdeckten, nahmen sie die Jagd auf.

Der Rädelsführer, ein gewisser 23-Jähriger namens Erwin Kern, sagte zu seinem Komplizen, dem 20-jährigen Ernst Werner Techow: »Kerl, fahren Sie rasch, sonst holen Sie ihn nicht mehr ein!« Kern hielt seine automatische Handfeuerwaffe bereit. Beide Fahrzeuge hatten das Verdeck heruntergelassen. Als der Wagen des Ministers das Tempo verlangsamte, um eine Kurve zu nehmen, brachte Techow den Mercedes auf gleiche Höhe, und Kern eröffnete das Feuer. Er sollte sein Ziel nicht verfehlen. Nachdem er mit dem Schießen fertig war, warf sein 26-jähriger Mittäter, Hermann Fischer, eine Eierhandgranate auf die Rückbank, wo Rathenau saß. Ihre Zielperson hatte keine Chance. Der Kugelhagel hatte ihren Körper durchsiebt, noch bevor die Granate explodierte.

Viele Jahre später schrieb Ernst von Salomon, der für seine Beteiligung an der Vorbereitung des Attentats zu fünf Jahren Haft verurteilt worden war, dass die Gruppe, die Rathenau ermordet hatte, eigentlich

Ausrufung der Republik durch Philipp Scheidemann am 9. November 1918 in Berlin. Bei der bekannten Abbildung handelt es sich vermutlich um eine Fotomontage zur legendenbildenden Inszenierung und Stabilisierung der neuen Regierung
ullstein bild – ullstein bild

Schaulustige am 24. Juni 1922 am Tatort des Attentats auf Außenminister Walther Rathenau in Berlin-Grunewald.
ullstein bild – Süddeutsche Zeitung Photo

vorhatte, Giftgas zu verwenden. Die Idee sei aber verworfen worden, weil mit dieser Methode das Attentat auf Scheidemann gescheitert war.

Die See revolutionierte nicht nur das Land nach dem Ersten Weltkrieg; sie mobilisierte auch die Gegner von Demokratie und Verfassung. Sowohl die Morde an Rosa Luxemburg und Karl Liebknecht im Januar 1919, wie auch die Morde an Erzberger und Rathenau sowie der Mordversuch an Philipp Scheidemann waren samt und sonders von gewalttätigen Aktivisten mit engen Verbindungen zur Marine oder zu Terroristen im Untergrund verübt worden, die aus der Marine hervorgegangen waren.

Im Fall des Mordes an Karl Liebknecht, der in der Nacht vom 15. auf den 16. Januar 1919 verübt wurde, hatten alle Schlüsselfiguren einen Marinehintergrund. Der kleinen Gruppe, die Liebknecht in den Tiergarten geschleppt und erschossen hatte, gehörten unter anderem Ulrich von Ritgen (geboren 1894), Bruno Schultze (1895) und Heinrich Stiege (geboren 1895) an. Alle drei waren Seeoffizieranwärter gewesen, als der Krieg 1914 begann und hatten den gesamten Krieg in der Marine gedient. Stiege war sogar der Sohn eines Konteradmirals. Der Anführer der Mördertruppe, die Liebknecht umgebracht hatte, war ebenfalls ein Marineoffizier, Horst von Pflugk-Harttung.

Horst von Pflugk-Harttung war 1907 im Alter von 18 Jahren in die Marine eingetreten. Die Jahre zwischen 1914 und 1918 hatte er entweder auf Patrouille in See oder im Hafen verbracht, wo er darauf wartete, dass sich etwas ereignete. Obwohl er das Eiserne Kreuz Erster und Zweiter Klasse wie alle Marineoffiziere erhalten hatte, hatte ihn die Untätigkeit der Flotte hochgradig frustriert. Er war bis zu seiner Erkrankung an der Spanischen Grippe 1918 Kommandant eines Torpedoboots gewesen.

Zur Genesung wurde er nach Dänemark geschickt, wo er erfuhr, dass von der Marine ausgehend die Revolution ausgebrochen und der Krieg verloren war. Er schwor Rache und begab sich im Dezember 1918 nach Berlin, wo er unter Ausnutzung familiärer Beziehungen und seiner Verbindungen innerhalb der Marine eine Geheimtruppe für militärische Operationen innerhalb der Preußischen Gardedivision aufstellte. Wie er in einem 1940 verfassten, vertraulichen Papier ausführte, war der Marineoffizierverband Pflugk im Winter 1918 aufgestellt worden, um gegen die Revolution zu kämpfen und um »das Ansehen der Marine wiederherzustellen«. Ihm zu Folge sollte seine Geheimtruppe »nicht für den täglichen Kleinkram eingesetzt werden, sondern nur bei besonders wichtigen Unternehmungen mit dem besonderen Fernziel, den Gegner durch Wegschlagen der Führer lahmzulegen, dadurch die innerpolitische Lage schneller und gründlicher zu bereinigen und möglichst schnell die Möglichkeit zu Widerstand nach außen zu schaffen.«

Das Bestreben, die »Ehre« der Marine wieder herzustellen, war allen Marineoffizieren zu eigen, die in irgendeiner Form an konterrevolutionärer Gewalt beteiligt waren. Etwa zur selben Zeit, zu der Host von Pflugk-Harttung seine Geheimtruppe aufstellte, waren drei maritime Freikorps gegründet worden. Wie ein zeitgenössischer Rekrutierungsbrief an ehemalige Marineoffiziere vom Frühjahr 1919 ausführte, lag ihr Zweck darin, konterrevolutionäre Gewalt auszuüben, um »das Wort Schande zu tilgen, das der Marine anhaftet«.

Das aggressivste der drei Freikorps war die II. Marinebrigade. Aus ihr war die »Organisation Consul« hervorgegangen. Jene terroristische Vereinigung, die die Morde an Erzberger und Rathenau sowie das Attentat auf Scheidemann verübt hatte. Ehemalige Marineoffiziere und Mitglieder der Marinebrigade bildeten die Mehrheit der Mitglieder der »Organisation Consul«. Ihr Führer war der ehemalige Torpedobootskommandant Hermann Ehrhardt, der sich auch in der Nachkriegszeit weiter als »Kapitän« bezeichnete.

Eine der ranghöheren Personen innerhalb der »Organisation Consul« war Kapitänleutnant Alfred Hoffmann. Nach dem Mord an Matthias Erzberger im Sommer 1921 gab er gegenüber den untersuchenden Kriminalbeamten an, dass es sich bei der »Organisation Consul« um eine politische Organisation handelte. Er führte aus: »Ziel und Zweck unserer Organisation war nicht Anwendung von Gewaltmitteln zur Beseitigung unerwünschter Elemente, sondern die Ausbreitung einer straffen schwarzweiß-roten und nationalen Idee durch Werbung von Mitgliedern.« Hoffmann war innerhalb der »Organsiation Consul« der Führer der Abteilung A. Seine engsten Vertrauten waren Oberleutnant zur See a.D. Schüder, Leutnant zur See a.D. Siebel und »der Freiwillige von Prinze«.

Schüder ist ein typischer Vertreter der jüngeren »OC« Mitglieder: 1897 geboren, war er 1915 direkt vom Gymnasium als Kriegsfreiwilliger in die Marine eingetreten. Nach beendeter Ausbildung wurde er 1917 zum Offizier ernannt. Zwischen 1917 und 1919 war er als Seeflieger eingesetzt, bis er im März 1919 zur Marinebrigade II stieß. Er verließ die Marine, als die Marinebrigade II in die Schiffsstammdivision integriert wurde. Die Abteilung B wiederum wurde von einem anderen ehemaligen Torpedobootskommandanten, dem späteren Nazi Manfred von Killiger, geführt. Unter Killigers Männern befanden sich auch Leutnant a.D. Müller und die Mörder Erzbergers, Heinrich Tillessen und Heinrich Schulz. Auch die Abteilung C wurde von einem früheren Marineoffizier, Kapitänleutnant Kautter, geführt.

Die »Organisation Consul« kann als Deutschlands erste Terrororganisation bezeichnet werden. Ungeachtet anders lautender Äußerungen von Mitgliedern kann es nicht länger bezweifelt werden, dass ihr Zweck die Durchführung politischer Morde war. Die Organisation war hierarchisch aufgebaut und bestand aus verschiedenen Zellen, forderte von ihren Mitgliedern in einem Aufnahmeritual die Ableistung eines Treueeides und baute auf strenger Disziplin auf (»Verräter verfallen der Feme«). Zur telefonischen Kommunikation existierten geheime Codewörter, aktiv rekrutierte sie Nachwuchs an den Universitäten. Juden und allen »fremdrassigen« war die Mitgliedschaft verboten. Zudem unterhielt die Organisation ihre eigene Propagandazeitschrift: »Der Wiking«.

Die beiden Mörder von Matthias Erzbeger hatten der II. Marinebrigade angehört und den Schritt zur »OC« mitvollzogen. Auch jene, denen das Attentat auf Philipp Scheidemann misslungen war, hatten als Angehörige der Maschinengewehrkompanie der II. Marinebrigade angehört, obwohl sie den Krieg an der Westfront erlebt hatten. Fünf der neun Männer, die wegen Beteiligung an dem Rathenau-Mord verurteilt wurden, hatten früher der Marinebrigade II angehört. Nach einem Bericht, den seine Schwester später in den 1930er Jahren für Nazi-Forscher schrieb, hatte auch Rathenaus Mörder Erwin Kern, der später in einem Schusswechsel mit der Polizei getötet worden

Ausweis und Ärmelabzeichen der
II. Marinebrigade Ehrhardt
DMM 2007-135

1933 wird für die Angehörigen der Marinebrigade Ehrhardt und Rathenau-Mörder Erwin Kern und Hermann Fischer eine Gedenktafel eingeweiht, vor der Hermann Ehrhardt für ein Foto posiert.
DMM 2016-146-019

war, von Anfang bis Ende der II. Marinebrigade angehört. Zu seiner Beisetzung bedeckte die Seekriegsflagge seinen Sarg, und seine Mutter sang das Lied der Marinebrigade, das »Ehrhardt«-Lied.

Warum waren so viele frühere Marineoffiziere nach dem Krieg an politisch motivierten Gewalttaten beteiligt? Um diese Frage zu beantworten, müssen wir auf den Beginn des Krieges im August 1914 und die damalige Unzufriedenheit der Seeoffiziere schauen. Vor dem Krieg erwarteten sowohl deutsche wie britische Marineoffiziere, dass ein möglicher Krieg mit einer spektakulären Seeschlacht der beiden damals größten Überwasserflotten beginnen würde. Doch bereits in den ersten Wochen nach dem Beginn des Krieges wurde deutlich, dass eine solche überwältigende Seeschlacht nicht stattfinden würde. Die Briten waren nicht bereit, vor Deutschlands Küsten zu kämpfen, und die Deutschen waren nicht willens, die Schlacht in für die Briten vorteilhaften Seeräumen zu suchen. Keine der beiden Seiten wollte das Risiko des Verlusts der gesamten Flotte in einer einzigen Seeschlacht in Kauf nehmen.

Das Ausbleiben der erwarteten Schlacht wirkte sich negativ auf das Ansehen und das Selbstvertrauen der deutschen (wie auch der britischen) Marineoffiziere aus. Während überall in Europa die Soldaten fielen, warteten die Marineoffiziere darauf, dass überhaupt etwas geschah. Am 9. August 1914 beschrieb Ernst von Weizsäcker, die Gefühle, die das Ausbleiben der Flottenschlacht mit den Briten in ihm auslöste: »Wir schämen uns ja selbst am meisten, daß wir noch nicht vorgegangen sind und voraussichtlich noch lange abwartende Strategie treiben. Ich wünsche nur, daß man sich mit Ehren später als Seeoffizier sehen lassen kann.« Etwa zur selben Zeit schrieb der Matrose Richard Stumpf in sein Tagebuch: »Wir müßten uns ja ordentlich schämen, wenn die Armee wie 1870 allein die Lorbeeren pflücken sollte.« Und nach dem Krieg beschrieb Hermann Ehrhardt den Kriegsalltag: »Wir patrouillierten und dienten endlos auf Vorposten. Wenn wir nicht von Zeit zu Zeit Begegnungen mit den Russen gehabt hätten, hätte sich unser Alltag kaum vom Friedensalltag unterschieden.«

Im Verlauf des Krieges wurde innerhalb der Marine das Gefühl, einen sichtbaren Kriegsbeitrag leisten zu müssen, immer drängender. Einige Marinepropagandisten sahen die Lösung in einer Überbetonung der Erfolge der Unterseebootsbesatzungen und in der Forderung nach Wiederaufnahme des uneingeschränkten U-Bootkrieges. Dieser wurde schließlich im Februar 1917 nachgegeben. Aber für alle, die nicht unmittelbar in den U-Bootkrieg involviert waren, lag der einzige Ausweg aus dem Dilemma, das die ausbleibende Schlacht verursachte, in der Ausschlachtung der wenigen Erfolge, die die Überwasserstreitkräfte verbuchen konnten. Der Untergang von Graf Spees Ostasiengeschwader bei den Falklandinseln im Dezember 1914 wurde daher als leuchtendes Beispiel für den Heldenmut und die Opferbereitschaft der Marine dargestellt.

Die größte Aufwertung ihres Selbstvertrauens erfuhren Marineoffiziere nach der Skagerrakschlacht, die sich Ende Mai 1916 ereignete. Das unerwartete Aufeinandertreffen der britischen und der deutschen Flotte wurde zur größten Seeschlacht während des Ersten Weltkrieges. Über 100.000 Soldaten beider Seiten waren auf 250 Schiffen für 72 Stunden an ihr beteiligt. Die britischen Verluste beliefen sich auf 6.784 Mann und 14 Schiffe, darunter drei Schlachtkreuzer. Die deutschen Verluste waren geringer: 3.058 Männer und 11 Schiffe, darunter ein Großkampfschiff und ein Großer Kreuzer. Zehn deutsche Schiffe hatten schwere Schäden davon getragen, am 2. Juni waren nur noch zehn seeklar. Aufgrund der hohen Verluste hielt Admiral Scheer weitere Flottenunternehmungen für unmöglich. Dennoch hatten die Briten hinreichend Menschen- und Schiffsverluste erlitten, dass die Deutschen die Schlacht als Sieg für sich reklamierten.

Dennoch reichte dies nicht, um die Ehre der Offiziere der Überwassereinheiten auf Dauer zu erhalten. Als die Nachrichten von der Westfront im Verlauf des Jahres 1918 zunehmend schlechter wurden und General Ludendorff am 29. September überraschend forderte, dass Deutschland unverzüglich um Waffenstillstand ersuchen müsse oder die Vernichtung in einer Schlacht oder Revolution befürchten müsse, traf dies die Marineführung ins Mark. Sie forderte nun, dass sich die Überwassereinheiten für einen Vorstoß gegen Großbritannien bereit machen sollten. Die dahinter stehenden Überlegungen waren weit mehr als bloß ein letzter verzweifelter Versuch der Ehrenrettung der Marine vor dem Abschluss eines Waffenstillstands. Wie vielmehr die vertraulichen Nachrichten zwischen ranghohen, in den Plan eingeweihten Offizieren im Oktober 1918 zeigt, war innerhalb der Marine der Gedanke verbreitet, dass eine erfolgreiche Unternehmung gegen die Royal Navy die öffentliche Meinung drehen und die Siegeszuversicht der Deutschen steigern könnte. Doch tatsächlich legte die Marineführung mit den Vorbereitungen für das Vorhaben die Grundlagen für die Revolution in Kiel und Wilhelmshaven und den größten Ansehensverlust der Marine.

In den Augen vieler Offiziere hatte die Marine nicht nur Deutschland im Krieg verraten, sondern auch die Ideale der Marine selbst. Denn die Vorstellung, dass es besser sei, mit dem Schiff unterzugehen, als den Kampf verloren zu geben, hatte schon lange vor dem Ersten Weltkrieg zum Wertekanon der Marine gehört. Ein Erlass Kaiser Wilhelms I. forderte von den Schiffskommandaten, dass »selbst im Angesicht des ehrenvollen Unterganges meine Schiffe die Flagge nicht niederholen werden«. Dieselbe Vorstellung vom Ehrerhalt der Flagge war von Kaiser Wilhelm II. zu Beginn des Krieges wiederholt und in die Anweisungen für Offiziere aufgenommen worden: »Die Flagge ist für den Mann das Symbol der Treue. Er darf sie niemals verlassen und muss sie im Falle der Gefahr bis zum letzten Tropfen Blut verteidigen.«

Die wenigsten Offiziere befolgten während der Revolution im November 1918 diese Anweisungen im Wortsinn. Nur an Bord des Flottenflaggschiffs »König« versuchte der Kommandant revolutionäre Matrosen daran zu hindern, die Reichskriegsflagge durch die rote Flagge zu ersetzen. Jener Minderheit an Seeoffizieren aber, die den Marinebrigaden und später der »Organisation Consul« beitraten, brannte sich die Schändung der Flagge schmerzvoll in die Erinnerung ein. So betonte Hermann Ehrhardt, dass seine Brigade unter eben jener Reichskriegsflagge marschierte, die an Bord seines Bootes während der Skagerrakschlacht geweht hatte. Dies war seine Art, deutlich zu machen, dass seine Männer und die von ihnen ausgeübte Gewalt vom wahren Geist der deutschen Marine beseelt seien.

Zum Weiterlesen:

Gerhard P. Groß: Eine Frage der Ehre? Die Marineführung und der letzte Flottevorstoß 1918, in: Kriegsende 1918. Ereignis, Wirkung, Nachwirkung, herausgegeben von Jörg Duppler und Gerhard P. Groß, München 1999, S. 349-366.

Mark Jones: Am Anfang war Gewalt. Die deutsche Revolution 1918–19 und der Beginn der Weimarer Republik, München 2017.

Jan Rüger: The Great Naval Game. Britain and Germany in the Age of Empire, Cambridge 2007.

Richard Stumpf: Warum die Flotte zerbrach, Berlin 1927.

Nicolas Wolz: Das lange Warten: Kriegserfahrungen deutscher und britischer Seeoffiziere 1914 bis 1918, Paderborn u.a. 2008.

DIE REVOLUTION IN WILHELMSHAVEN-RÜSTRINGEN:
OKTOBER 1918 – FEBRUAR 1919

JENS GRAUL

In der Nacht vom 29. zum 30. Oktober 1918 verhindern Heizer und Matrosen auf mehreren Großkampfschiffen des I. und III. Geschwaders das Auslaufen der vor Wilhelmshaven auf Schillig-Reede zusammengezogenen Hochseeflotte, indem sie den Befehl zum Dampfaufmachen verweigern und die Ankerwinden blockieren. Flottenchef Admiral Franz von Hipper muss daraufhin einen geplanten Flottenvorstoß gegen die britischen Seestreitkräfte schließlich aufgeben.

Das Unternehmen war mit der Reichsregierung nicht abgestimmt. Seit September hatte sich die Oberste Heeresleitung für einen Waffenstillstand eingesetzt. Mit der Berufung des liberalen Reichskanzlers Max von Baden am 3. Oktober, der schon bald dem amerikanischen Präsidenten Woodrow Wilson ein erstes Waffenstillstandsangebot übermittelte, und einer Verfassungsänderung am 28. Oktober gewann die politische Führung wieder mehr Einfluß auf die Außen- und Sicherheitspolitik.

Die Mannschaften der Hochseeflotte wollen den Krieg und damit auch die miserablen Zustände an Bord insbesondere der großen Kampfschiffe beenden: Hunger, arrogantes und schikanöses Verhalten der Offiziere. Deshalb hatte es schon mehrfach und insbesondere im Sommer 1917 Protestaktionen gegeben, die von der Marineführung demonstrativ hart bestraft wurden, u.a. mit zwei Todesurteilen gegen den Matrosen Max Reichpietsch und den Heizer Albin Köbis. Die 1917 von der SPD (MSPD) abgespaltenen Unabhängigen Sozialdemokraten (USPD) unterstützten die Besatzungen im Interesse ihrer eigenen Friedensinitiativen.

Etwa 600 revoltierende Heizer und Matrosen werden am 31. Oktober verhaftet und zunächst in Wilhelmshaven gefangen gesetzt. Um das Protestpotential zu verringern, verlegt das Flottenkommando das III. Geschwader mit fünf Linienschiffen (etwa 6.000 Soldaten) in seinen Heimathafen Kiel. Auf der Fahrt kommt es zu weiteren Protesten und Verhaftungen, 47 sog. »Rädelsführer« werden in Kiel eingesperrt.

Dort herrscht eine äußerst angespannte Stimmung. Bereits seit 1916 protestieren Arbeiter der staatlichen und privaten Werften gegen die schlechte Versorgung. Die Besatzungen des III. Geschwaders erhalten dennoch Landurlaub.

Nach einer Protestversammlung für die Freilassung der Inhaftierten am 3. November auf dem Großen Exerzierplatz marschieren 5.000 bis 6.000 Soldaten und Arbeiter zur Marinearrestanstalt in der Kieler Innenstadt. Soldaten einer Ausbildungskompanie der Torpedo-Division stellen sich ihnen in den Weg und eröffnen das Feuer, es gibt sieben Tote und 29 Verletzte.

Trotz erster Zugeständnisse des Stationschefs Admiral Wilhelm Souchon eskaliert der Konflikt, andere Truppenteile solidarisieren sich, einige Werftbetriebe werden bestreikt. Im Kieler Gewerkschaftshaus konstituiert sich am 4. November ein Soldatenrat und verabschiedet die »14 Kieler Punkte«, die sich auf Verbesserungen für die Soldaten, vor allem aber die Freilassung der Gefangenen beziehen. Tief sitzt das Misstrauen gegenüber der Militärjustiz.

Am nächsten Tag bildet sich auch ein Arbeiterrat. Auf den Straßen kommt es immer wieder zu Protesten und Schießereien. Der aus Berlin herbeigeholte Reichstagsabgeordnete Gustav Noske (MSPD) wird zum Vorsitzenden des Soldatenrats gewählt und später auch als Gouverneur eingesetzt. Es gelingt ihm, die Situation zu beruhigen.

Die Nachrichten von den Ereignissen auf Schillig-Reede und in Kiel verbreiten sich rasch auch in Wilhelmshaven und Rüstringen. Während des Ersten Weltkriegs sind die Jadestädte die Hauptbasis der Kaiserlichen Marine für den Seekrieg gegen England. Hier leben während des Krieges etwa 80.000 Einwohner, darüber hinaus sind hier bis zu 30.000 Soldaten stationiert – die Schiffsbesatzungen nicht mitgezählt. Die Kaiserliche Werft beschäftigt etwa 20.000 Arbeiter. Die zivile und die militärische Befehlsgewalt in dem zur Festung erklärten Gebiet rund um die Jadebucht liegt in der Hand des Kommandierenden Admirals der Marinestation der Nordsee, Vizeadmiral Günther von Krosigk.

Am 5. November beginnen Marinesoldaten in den Kasernen mit der Vorbereitung von Protestaktionen. Ein zur Beruhigung verteiltes Flugblatt der Reichsregierung verfehlt seine Wirkung. Am Morgen des 6. November treffen sich viele Tausende von Soldaten zu Protestzügen, die an verschiedenen Aufstellungsplätzen im Hafengebiet beginnen.

Eine der Demonstrationen zieht von der Hafenkaserne (heute Nordhafengelände) über die Gökerstraße zur Kaserne des Seebataillons, immer mehr Soldaten und auch Arbeiter schließen sich an. Es geht durch das Zentrum von Wilhelmshaven und Rüstringen.

Schließlich versammelt sich gegen Mittag eine große Menschenmenge vor dem Stationsgebäude in der Viktoriastraße. Eine »Verhandlungskommission« der Demonstranten verhandelt mit dem Militärgouverneur. Ihre Forderungen orientieren sich an den »14 Kieler Punkten«. Vizeadmiral von Krosigk stimmt der Freilassung der inhaftierten Soldaten zu und telegrafiert die übrigen Forderungen nach Berlin. Die Versammlung vor dem Stationsgebäude löst sich friedlich auf.

Am Nachmittag stellt die Werft den Betrieb ein, Arbeiter und Soldaten ziehen durch die Stadt zum Großen Exerzierplatz (»Großer Exer«, an der verlängerten Bismarckstraße, östlich der Jachmannstraße). Dort versammeln sich mehrere tausend Menschen. Die einzelnen Werftressorts (Schiffbau, Maschinenbau, Artillerie, Ausrüstung etc.) wählen unter freiem Himmel Vertrauensleute, die dann zusammen einen mehrheitlich von Mitgliedern der USPD geprägten »Arbeiterrat« bilden. Seine Forderungen beziehen sich vor allem auf die Arbeits- und Lebensbedingungen der Werftbelegschaft (Arbeitszeit, Lohn, Kündigungsschutz).

Zur gleichen Zeit wählen die Soldaten auf den Schiffen und in den Kasernen einige hundert Vertrauensleute, die als Plenum um 18.00 Uhr in der Veranstaltungsgaststätte »Parkhaus« am Parkmittelweg ein Exekutiv-Gremium wählen. Auch dieser so genannte »21er Rat« ist mehrheitlich von der USPD geprägt. Ihm gehören zusätzlich zwei Vertreter des Arbeiterrates an. Der Vorstand besteht aus insgesamt vier Personen, den Vorsitz übernimmt der Oberheizer Bernhard Kuhnt (USPD). Für die Verhandlungen mit der Marineführung wird eine »Fünfer-Kommission« gewählt.

Noch am gleichen Abend beschließt der 21er Rat mit geringen Korrekturen die »14 Kieler Punkte« als Verhandlungsgrundlage für die nächsten Tage. Wie schon in Kiel fehlt diesen Forderungen zunächst eine langfristige politische Perspektive. In allen großen Garnisonen und Industriezentren des Großherzogtums Oldenburg bilden sich bis zum 20. November flächendeckend Arbeiter- oder Soldatenräte.

Kriegsschiffe im Großen Hafen,
Blick von der Kaiser-Wilhelm-Brücke
Stadtarchiv Wilhelmshaven, StA 5820

S.M.S. »Thüringen« wird auf Schillig Reede
zur Aufgabe gezwungen, 31. Oktober 1918
DMM 1998-044-001

Versammlung vor dem Stationsgebäude an der Viktoriastraße,
6. November 1918
Stadtarchiv Wilhelmshaven

Der 21er Rat mit zwei Vertretern des Arbeiterrats;
obere Reihe, v.l. Hartung, Henneicke (Arbeiterrat), Bruster, Ramsauer, Handkuch;
mittlere Reihe, v.l. Dorn, Imhof, Hehne, Unruh, Sieckmann, Waldau, Wengora, Driesen, Winter;
vordere Reihe, v.l. Druschke, Zimmermann (Arbeiterrat), Bartels, Albers,
Bernhard Kuhnt (Vorsitzender), Schmitz, Pflug, Schneider, Höck

DMM 2009-190-009

Der 21er Rat in Wilhelmshaven-Rüstringen handelt als »Arbeiter- und Soldatenrat der Nordseestation« und übernimmt von nun an faktisch die Regierungsgewalt im Festungsgebiet, in dem nach wie vor das Kriegsrecht gilt. Er ergreift erste Maßnahmen zur Sicherung der öffentlichen Ordnung. Die bis eben noch allein verantwortlichen Marinedienststellen verhalten sich neutral und arbeiten unter der Aufsicht des 21er Rats weiter, sie spüren die Schwäche der bisherigen Machtstrukturen.

Am nächsten Tag findet vormittags auf dem »Großen Exer« eine weitere Kundgebung statt, bei der über das bisher Erreichte informiert wird. Die Vertrauensleute der SPD und der Gewerkschaften, die überwiegend die MSPD unterstützen, sichern dem 21er Rat am Abend ihre Unterstützung zu. Die Werft arbeitet am nächsten Tag wieder, auch in den Kasernen kehrt der Alltag ein.

Die Fünfer-Kommission des 21er Rats verhandelt bis zum 9. November auf der Grundlage der »14 Kieler Punkte« mit dem Befehlshaber der Hochseeflotte. Man einigt sich: die Offiziere behalten ihre Kommandos, auf allen Schiffen werden aber Vertrauenskommissionen bzw. Soldatenräte eingesetzt, die praktisch in allen Fragen mitbestimmen.

Am 9. November dankt Kaiser Wilhelm II. ab, der Reichstagsabgeordnete Phillip Scheidemann (SPD) ruft in Berlin die Republik aus. Max von Baden ernennt Friedrich Ebert zum Chef einer Übergangsregierung, die als »Rat der Volksbeauftragten« aus Politikern der beiden sozialdemokratischen Reichstagsfraktionen die notwendigen Entscheidungen trifft. Der Rat hebt den Belagerungszustand und die Pressezensur auf, er beginnt Friedensverhandlungen. Vor allem aber bereitet er Wahlen zu einer Nationalversammlung vor.

Dieser erste Schritt in Richtung einer parlamentarischen Demokratie bedeutet eine Absage an jede Form von Rätedemokratie, die aber weiterhin von großen Teilen der USPD favorisiert wird.

Der 21er Rat in Wilhelmshaven verlegt derweil sein Hauptquartier vom »Parkhaus« in das Hotel »Deutsches Haus« (heute »Haus der Wirtschaft«, Virchowstraße) und bald schon in das Offizierskasino an der Hollmannstraße (Bremer Straße, gegenüber dem Reha-Zentrum). Er strebt die Ausdehnung seiner Macht auf einen ganzen Bundesstaat und den Systemwechsel zu einer neuen Staatsform an. In der Nacht zum 10. November beschließt er deshalb die Absetzung des Großherzogs und erklärt das Großherzogtum zur Republik. Aus der Militärrevolte ist nun endgültig eine Revolution geworden.

Dem Aufruf zu einer »Massenversammlung [...] auf dem Grodenschulplatz bei Elisenlust hinter der Seebataillonskaserne« am Sonntag, dem 10. November um 11.00 Uhr, folgen zehntausende Arbeiter, Soldaten und Einwohner. Bernhard Kuhnt gibt in seiner Ansprache den nächtlichen Beschluss über die Ausrufung der Republik bekannt.

Der 10. November wird später auch als »Friedenssonntag« bezeichnet. Viele Menschen sind auf den Straßen, überall wird gefeiert. Abends sind die Schiffe im Hafen illuminiert, Scheinwerfer und Signalraketen erleuchten den Himmel.

Kundgebung auf dem »Grodenschulplatz«, 10. November 1918: Blick von der Gökerstraße
DMM 2001-172-001

Die Wilhelmshavener Proklamation wird von dem MSPD-geführten Oldenburger Arbeiter- und Soldatentrat nicht anerkannt. Der Landtag wählt noch am 10. November ein gemäßigt besetztes, neunköpfiges »Landes-Direktorium«, das die bisherige Landesregierung ersetzt. Großherzog Friedrich August erklärt daraufhin seinen Rücktritt und Thronverzicht. Als Zugeständnis an die Soldaten wird Bernhard Kuhnt Vorsitzender des Landes-Direktoriums, der Abgeordnete Paul Hug (MSPD) sein Stellvertreter. Am 14. November erklärt das Landes-Direktorium das Großherzogtum zum »Freistaat Oldenburg«, die am 10. November in Wilhelmshaven ausgerufene Republik existiert faktisch nicht mehr.

Der 21er Rat scheitert auch mit dem Versuch, seinen Machtbereich entsprechend dem Kommandobereich der Nordseestation, in dem er sich auf die Militärangehörigen stützen kann, nach Ost-Friesland auszudehnen. Weder das Preußische Ministerium des Innern (für den Regierungsbezirk Aurich) noch die ostfriesischen Arbeiter- und Soldatenräte (z.B. in Leer) erkennen die »Sozialistische Republik Oldenburg-Ostfriesland« an. Niemand möchte die Ländergrenzen antasten.

Unverdrossen organisiert der 21er Rat seine alltägliche Arbeit im Festungsbereich Wilhelmshaven wie eine Regierungsbehörde: An der Spitze einzelner Ressorts stehen politisch verantwortliche Mitglieder des Rates, zeitweise mehr als 1.000 hauptamtliche Mitarbeiter arbeiten ihnen zu. Es geht um die öffentliche Sicherheit und Ordnung, die Ernährung und Versorgung, die Demobilisierung der Truppen u.v.a.m. Für Sicherheit und Ordnung wird ein militärisch ausgebildetes »Freiwilligen-Korps« aufgestellt, später auch ein »Arbeiter-Bataillon«.

Der 21er Rat ist auch an der Umsetzung der Bedingungen des Waffenstillstandes für die Hochseeflotte beteiligt. Seine zuständigen Mitglieder nehmen am 19. November an der Überführung des Verbandes der zur Internierung bestimmten Kriegsschiffe mit rund 10.000 Mann Besatzungen nach Schottland teil, ohne dabei allerdings eine aktive Rolle zu spielen.

Nach der Demobilisierungsanordnung verlassen ab Mitte November täglich zwischen 800 und 1.000 Wehrdienstleistende Wilhelmshaven. Damit verliert der 21er Rat Stück für Stück seine Massenbasis, die Soldaten. Im Laufe der Zeit treten auch die Differenzen zwischen den demokratischen und den radikalen Positionen, zwischen MSPD und USPD immer stärker hervor, insbesondere bei der Aufstellung der Kandidatenlisten für die im Januar 1919 angesetzten Wahlen zur Nationalversammlung. Man streitet auch heftig um den Zugriff auf das sozialdemokratische »Norddeutsche Volksblatt«.

Die Gründung der Kommunistischen Partei Deutschlands u.a durch Vertreter des »Spartakusbundes«, dem linken Flügel der USPD, zum 1. Januar 1919 in Berlin schwächt den 21er Rat, der nach wie vor aus linken, gemäßigten linken und mehrheitssozialdemokratischen Mitgliedern besteht. Bernhard Kuhnt ist nicht die Persönlichkeit, die ausgleichen und verbinden könnte. Die etablierte MSPD (Paul Hug u.a.) hält sich zurück und folgt der Linie der Partei in Berlin, die nach wie vor eine parlamentarische Demokratie anstrebt.

In Berlin eskaliert der Konflikt zwischen USPD/KPD und MSPD, es kommt zu Unruhen und schließlich zum »Spartakus-Aufstand« (5. bis 12. Januar). Die USPD hat bereits Ende Dezember den Rat der Volksbeauftragten verlassen, Vertreter der MSPD rücken nach, u.a. Gustav Noske. Der Rat mobilisiert Freikorpsverbände aus Berufssoldaten und Freiwilligen, die den Aufstand niederschlagen.

Auch in Wilhelmshaven-Rüstringen nehmen Anfang 1919 die Spannungen zwischen den regierungstreuen Berufssoldaten und den Anhängern der Kommunisten zu. Der 21er Rat sitzt zwischen allen Stühlen und verliert zusehends an Autorität. Am 10. Januar bewaffnen sich kommunistische Soldaten, sie besetzen das ältere Linienschiff »Deutschland«, das nun als Wohnschiff im Hafen liegt, und am Tag darauf das Gebäude der »Wilhelmshavener Zeitung« an der Ecke Markstraße/Parkstraße, um eine Berichterstattung in ihrem Sinne durchzusetzen.

Nun werden erstmals die Deckoffiziere (heute: Portepée-Unteroffiziere) und Berufssoldaten aktiv: Sie befreien das Verlagsgebäude und setzen Bernhard Kuhnt sowie zwei weitere Vorstandsmitglieder des 21er Rats in ihrem Hauptquartier, der Hafenkaserne (heute Nordhafengelände) fest, als diese dorthin zu Verhandlungen gekommen sind. Den Landtagsabgeordneten Paul Hug und Julius Meyer (MSPD) bieten sie die Führung des 21er Rats an. Beide lehnen jedoch ab, Kuhnt und seine Kollegen werden wieder freigelassen, Deckoffiziere und Berufssoldaten erhalten aber drei Sitze im 21er Rat.

Im Vorfeld der Wahlen zur Nationalversammlung kommt es zu mehreren Demonstrationen von Werftarbeitern einerseits und Berufssoldaten andererseits. Erstmals geht auch das bürgerliche Lager auf die Straße, das man bislang kaum wahrgenommen hatte.

Zu der letzten großen Demonstration vor der Wahl am 18. Januar rufen in selten gewordener Einigkeit die beiden sozialdemokratischen Parteien, das Gewerkschaftskartell und die Kommunisten auf. Sie führt vom Börsenplatz durch die Innenstadt und endet mit Ansprachen auf dem Bismarckplatz, den man als Symbolort des bürgerlichen Lagers ansieht. Seit 1905 steht dort ein aus Spenden finanziertes Denkmal des Reichskanzlers.

Bei den Wahlen zur Nationalversammlung am 19. Januar erringen die fortschrittlichen Liberalen (DDP) und die Mehrheitssozialisten (MSPD) die Mehrheit. In Rüstringen erreicht die MSPD 37 % der

Kundgebung auf dem Bismarckplatz, 18. Januar 1919. Der Statue des Reichskanzlers ist demonstrativ eine rote Fahne in die Hand gegeben.
Stadtarchiv Wilhelmshaven, StA 5040

Tausend-Mann-Kaserne nach der Belagerung am 27./28. Januar 1919
DMM 2001-043-001

Trauerzug mit sechs der Toten des Spartakus-Aufstandes in Wilhelmshaven in der Roonstraße (Rheinstraße), 1. Februar 1919
Stadtarchiv Wilhelmshaven

Stimmen, Paul Hug und Otto Vesper erringen die Mandate. Die Nationalversammlung wählt Friedrich Ebert zum Reichspräsidenten, der am 13. Februar die Regierung Scheidemann einsetzt. Der Rat der Volksbeauftragten wird aufgelöst.

Als letzte gemeinsame Aktion von MSPD, USPD, KPD und 21er Rat in Wilhelmshaven-Rüstringen findet am 26. Januar eine Kundgebung auf der Grünanlage Adalbertstraße statt. Sie gilt dem Gedenken an die von rechten Militärs in Berlin ermordeten Kommunisten Rosa Luxemburg und Karl Liebknecht. Einen Tag später beginnt der »Spartakus-Aufstand« in Wilhelmshaven-Rüstringen.

Nachdem sie mehrfach vergeblich versucht haben, die Machtverhältnisse im 21er Rat wieder auf den Stand von November 1918 zu bringen, entscheiden sich die Kommunisten für den gewaltsamen Weg. Sie stehen unter dem Einfluss ihrer Genossen in Bremen, die dort am 10. Januar die »Sozialistische Republik Bremen« ausgerufen haben.

Kommunistisch orientierte Soldaten besetzen am 27. Januar in Wilhelmshaven den Bahnhof und andere öffentliche Gebäude. In der Reichsbank versorgen sie sich mit Geld. Ihr »Revolutionäres Komitee« schlägt in der Tausend-Mann-Kaserne (Moltkestraße, heute Nordhafen) sein Hauptquartier auf. Es ruft die »Sozialistische Republik Wilhelmshaven-Rüstringen« aus. Der 21er Rat mobilisiert, obwohl er vorgewarnt war, keine Truppen und auch nicht das Freiwilligen-Korps oder das Arbeiter-Bataillon. Bernhard Kuhnt bringt sich außerhalb der Stadt in Sicherheit.

Während der 21er Rat sich noch um eine Verhandlungslösung bemüht, bringen kommunistische Aktivisten den gesamten Goldmarkbestand der Reichsbank an sich. Für die Rückgabe des Geldes und das Ende der Besetzungen sollen die Kommunisten drei Sitze im 21er Rat bekommen. Abgesandten des Rats gelingt es, das Geld nach Verhandlungen sicherzustellen.

Inzwischen haben Soldaten des Seebataillons die Tausend-Mann-Kaserne umstellt und fordern die Kommunisten zur Aufgabe auf. Berufssoldaten nehmen die Kaserne unter Beschuss, die Besatzer (etwa 400 Mann) geben auf. Ihre Anführer werden verhaftet und später vor Gericht gestellt. Der Kampf fordert acht Todesopfer und 46 Verletzte. An der Rüstringer Brücke, nahe der U-Boot- und Torpedowerft, greifen Berufssoldaten bzw. Deckoffiziere einen Posten des Arbeiter-Bataillons an und erschießen einen Dreher.

Auch am nächsten Tag ziehen bewaffnete Trupps beider Parteien durch die Straßen und liefern sich gelegentliche Schusswechsel. Der 21er Rat verhängt schließlich den Belagerungszustand, in mühsamen Verhandlungen gelingt es, die Konfliktparteien voneinander zu trennen. Der Arbeiter- und Soldatenrat soll nun nach dem Verhältniswahlrecht neu gewählt werden.

Sechs der Toten werden unter großer Anteilnahme der Bevölkerung am 1. Februar in einem feierlichen Trauerzug durch die Stadt zum Ehrenfriedhof gebracht und dort beigesetzt.

In der bisherigen Form hat der 21er Rat abgewirtschaftet, eine neu gebildete »Fünferkommission« übernimmt die Kontrolle über die militärischen und zivilen Sicherheitskräfte. Sie wird bald auf sieben Mitglieder erweitert und bildet nun die neuen Machtverhältnisse ab: der Stationschef, zwei Mitglieder des 21er Rats, zwei Vertreter der Berufssoldaten, je ein Verteter der Arbeiter- und der Bürgerschaft.

Bernhard Kuhnt wird vom »Bevollmächtigten für die Reichsverteidigung« im Rat der Volksbeauftragten, Gustav Noske, zum Bericht nach Berlin zitiert und anschließend beurlaubt. Nach der Neuwahl am 7. Februar besteht der 21er Rat aus acht Delegierten des Soldatenrats und dreizehn Delegierten des Arbeiterrats, die beide neu gewählt wurden. MSPD und Bürgerliche haben nun die Mehrheit.

Die Reichsregierung stellt die staatliche Ordnung wieder her. Am 20. Februar rückt eine Abteilung des Landesschützenkorps unter dem Kommando des Generalmajors Dietrich von Roeder aus Bremen in Wilhelmshaven-Rüstringen ein. An der Mariensieler Brücke wird versehentlich ein Posten des Freiwilligen-Korps erschossen. Alle Waffen werden beschlagnahmt, der 21er Rat wird aufgelöst.

Der Abgeordnete Paul Hug wird zum Zivilgouverneur und Staatskommissar für das Festungsgebiet ernannt. Er teilt sich die Macht mit dem wieder amtierenden Stationschef. Hugs Stellvertreter wird der spätere Oberbürgermeister Reinhard Nieter.

Die Landesschützen ziehen am 24./25. Februar wieder ab. An ihre Stelle treten auf örtlicher Ebene neu aufgestellte Freiwilligen-Verbände, bis die neue staatliche Ordnung auf der Grundlage der Oldenburgischen Landesverfassung vom 17. Juni und der Weimarer Verfassung vom 31. Juli 1919 gilt.

Zum Weiterlesen:

Hans Beckers: Wie ich zum Tode verurteilt wurde – Die Marinetragödie im Sommer 1917, Frankfurt 1986.

Hartmut Büsing/Johann Cramer: »... das Volk vom Elend erretten« – Revolution in Rüstringen und Wilhelmshaven, Wilhelmshaven 1988.

Johann Cramer: Der rote November 1918 – Revolution in Wilhelmshaven, Wilhelmshaven 1968.

Dirk Dähnhardt: Revolution in Kiel, Neumünster 1978.

Edgar Grundig: Chronik der Stadt Wilhelmshaven, Band II, Wilhelmshaven 1957.

Wolfgang Günther: Die Revolution von 1918/19 in Oldenburg, Oldenburg 1979.

Wolfgang Günther: Wilhelmshaven in der Revolution 1918/19, Abdruck eines Vortrages am 12. November 1980, Wilhelmshaven 1980.

Stephan Huck: Ein getreues Bild meiner Erlebnisse und Beobachtungen, in: Stephan Huck, Gorch Pieken, Mathias Rogg (Hrsg.): Die Flotte schläft im Hafen ein, Katalog einer Ausstellung im Deutschen Marinemuseum Wilhelmshaven, Dresden 2014.

Heinz Jacobs: Die Novemberrevolution in Wilhelmshaven, Serie der Wilhelmshavener Zeitung 1968.

Josef Kliche: Vier Monate Revolution in Wilhelmshaven, Rüstringen 1919.

Emil Kraft: 80 Jahre Arbeiterbewegung zwischen Meer und Moor, Wilhelmshaven 1952, Stadtarchiv Wilhelmshaven Af 155.

Martin Rackwitz: Kiel 1918 – Revolution, Aufbruch zu Demokratie und Republik, Kiel 2018.

Christoph Regulski: Lieber für die Ideale erschossen werden als für die sogenannte Ehre fallen, Wiesbaden 2014.

Richard Stumpf: Warum die Flotte zerbrach, Berlin 1927 Wilhelmshavener Tageblatt: Die Tätigkeit des ehem. 21er Rates nach proto-kollarischen Aufzeichnungen, Ausgaben vom 25. Dezember 1922 bis 9. März 1923.

Nicolas Wolz: Und wir verrotten im Hafen – Deutschland, Großbritannien und der Krieg zur See 1914–1918, München 2013.

**VON DER PERIPHERIE INS ZENTRUM.
EINSCHÄTZUNGEN UND KOMMENTARE
ZUM MATROSENAUFSTAND UND ZUR
REVOLUTION 1918/1919**
EIN VIRTUELLES GESPRÄCH, EINGERICHTET VON

STEFAN IGLHAUT

Im Zentrum des Ausstellungsraumes von »Die See revolutioniert das Land« befindet sich ein Filmkabinett. Für den dort gezeigten Ausstellungsfilm wurden im April und Mai 2018 mehrere Videointerviews geführt. Aus mehr als sechs Stunden Material ist ein ca. 45-minütiger Film entstanden, eine Collage von Einschätzungen und Kommentaren in neun Kapiteln von »Die Vorgeschichte« bis »Die heutige Sicht«. Der folgende Beitrag bringt Auszüge aus den Gesprächen mit Rolf Fischer, SPD, Politiker und Autor, Kiel; Dr. Jens Graul, Kulturdezernent a.D. und Autor, Wilhelmshaven; Dr. Jörg Hillmann, Zentrum für Militärgeschichte und Sozialwissenschaften der Bundeswehr, Potsdam; Dr. Martin Rackwitz, Historiker, Kiel; Dr. Stephan Huck, Deutsches Marinemuseum Wilhelmshaven; Dr. Sebastian Rojek, Historiker, Universität Stuttgart; Dr. Doris Tillmann, Kieler Stadt- und Schifffahrtsmuseum.

■ **Welche Vorgeschichte hatte der Aufstand vom Herbst 1918?**

Fischer: Die Situation war desolat. Die Folgen des Krieges waren überall spürbar. Schon 1916/17 gab es die ersten Unruhen, die ersten Proteste. Mangelernährung, es kam zu Plünderungen. Es gab kaum Infrastruktur. Die Situation war furchtbar und das Gefühl der Menschen für diese Situation war entsprechend.

Rackwitz: Zum einen ist der erwartete schnelle Sieg ausgeblieben, es zeichnete sich ein endloser Stellungskrieg ab. Die Listen mit den Gefallenen wurden immer länger. Zum anderen verschlechterte sich die wirtschaftliche Lage in Deutschland infolge der britischen Seeblockade der Nordsee ab 1916 immer mehr. Ein Großteil der Bevölkerung hungerte. Die Menschen sehnten sich nach Frieden, es musste ein Ende des Krieges kommen.

Huck: 1917 löste die Unzufriedenheit über den eigenen Kriegsbeitrag und die Verhältnisse in der Flotte Proteste aus. Im Zuge der anschließenden Untersuchungen identifizierte die Marineführung vor allem zwei Matrosen als Rädelsführer, Max Reichpietsch und Albin Köbis, verurteilte sie in Wilhelmshaven zum Tode und ließ sie am 5. September 1917 in Wahn bei Köln hinrichten. Das sind die einzigen Todesurteile, die während des gesamten Ersten Weltkrieges in der Kaiserlichen Marine vollstreckt wurden. Gerade aufgrund dieses Ausnahmecharakters blieben sie den Mannschaften als Menetekel in Erinnerung.

Rackwitz: In Wilhelmshaven waren fast alle Schiffe der Hochseeflotte zusammengezogen worden, um einen finalen Seeangriff auf Großbritannien in die südliche Nordsee, Richtung Themsemündung, zu starten. Die Kaiserliche Marine wollte noch einmal zeigen, was sie kann, wie wichtig sie war, weil sie nach der Skagerrakschlacht 1916 weitgehend untätig in den Häfen gelegen hatte und die Hauptlast des Krieges vom Heer im Westen und Osten getragen wurde. Die Marine wollte das nicht auf sich sitzen lassen. Der Frieden war absehbar, und die Regierung verhandelte schon mit den Entente-Mächten über einen Waffenstillstand. Es ging um eine Frage der Ehre, und Admiral Scheer, der Chef der Seekriegsleitung, hat das auch so gesagt: Wir können das Blatt zur See mit diesem finalen Flottenvorstoß nicht mehr wenden. Aber es geht darum, unsere Existenzberechtigung zu zeigen und zu zeigen, dass wir gekämpft haben. Dieses Ehrverständnis wollten die Matrosen nicht mehr mittragen. So kurz vor dem absehbaren Kriegsende – die Verhandlungen waren kurz vor dem Abschluss – noch einmal Tausende von Leben zu opfern, das war sinnlos. Dagegen haben die Matrosen zu Recht rebelliert.

Hillmann: Die Admiralität in Wilhelmshaven hat sich unmittelbar vor Kriegsende entschlossen, zu einem letzten Flottenvorstoß auszulaufen, ich finde, in sehr dilettantischer Weise. Den Mannschaften verschwieg man, was man wollte, hingegen ließen die Offiziere ihre Habseligkeiten bereits von Bord holen. Damit war ein Gefühl erzeugt worden, dass hier etwas ganz Großes bevorsteht. Man ahnte, der Krieg ist eigentlich verloren, aber man sollte noch mit wehender Flagge untergehen.

Rojek: Im Spätsommer 1918 ist klar, dass die letzte Offensive der Deutschen, die das Ruder noch einmal herumrumreißen sollte, gescheitert ist. Ludendorff informiert die Seekriegsleitung darüber, dass Friedensverhandlungen aufgenommen werden müssen. In diesem Moment ist für die Marine eine verzweifelte Situation eingetreten. Denn während des gesamten Krieges hat es die Marine nicht geschafft, den Eindruck zu erwecken, sie sei sinnvoll an diesem Krieg beteiligt gewesen. Weder der U-Boot-Krieg hat den Effekt gehabt, England binnen weniger Monate zum Frieden zu zwingen. Noch bei der Skagerrakschlacht, die als großer Prestigesieg inszeniert worden war, konnte die Bevölkerung erkennen, dass die Marine sinnvoll dazu beigetragen hätte, den Krieg zum ehrenvollen oder überhaupt zu einer Art von Frieden zu führen. Das heißt, das Zeitfenster, jetzt noch einen Kriegsbeitrag zu leisten, verkürzte sich für die Marine rasant, und in dem Moment taucht die Idee auf, noch eine letzte Flottenfahrt vorzubereiten. Nur durch diesen Einsatz würde Deutschland anerkennen, dass die Marine eine sinnvolle Investition war und einen Beitrag zum Krieg leistete.

■ **Warum haben ausgerechnet die Matrosen revoltiert?**

Huck: Für die Befehls- und Gehorsamsverweigerungen, die in die Revolution mündeten, war die Kriegsmüdigkeit entscheidend, die Weigerung, in einer Situation, in der man keinen militärischen Erfolg mehr erwarten konnte, noch sein Leben zu opfern. Die Opferbereitschaft war geschwunden, weil das zu Kriegsbeginn noch bestehende Gefühl, für eine gemeinsame Sache zu kämpfen, in der Hochseeflotte verloren gegangen war. Spätestens die Reaktion der Marineführung auf die Marinestreiks von 1917 hat hier den Vertrauensbruch markiert.

Hillmann: Man wollte bessere Verpflegung haben. Denken wir an die Ereignisse des »Steckrübenwinters«, des Hungerwinters 1916/1917: Von dem waren nur die Mannschaften betroffen, nicht die Offiziere. Diese Ungleichbehandlung war ein Auslöser, gegen die Ungleichheit aufzustehen.

Huck: In der Hochseeflotte war bald nach Kriegsbeginn die Stimmung aus verschiedenen Gründen schlecht. Das hatte sowohl mit der ausbleibenden Beteiligung am Krieg als auch mit der schlechten Versorgung zu tun. Zudem verschlechterte sich die Versorgungslage nicht gleichmäßig für die gesamte Besatzung, sondern das Seeoffizierkorps nahm sich Privilegien heraus und gestand sich vor den Augen der Mannschaften bessere Lebensbedingungen zu. Neben den Matrosen gab es viele andere Akteure, die mit der Marine nichts zu tun hatten. Der Vorwurf der Marineleitung, es habe sich um einen politisch gesteuerten Umsturz gehandelt, lässt sich bis heute aus den Quellen nicht belegen. Natürlich wurden im Nachgang der Ereignisse politische Strömungen extrem wichtig. Der Aufstand nahm jedenfalls in der Marine seinen Anfang, und damit wurden die Matrosen als Botschafter des Wandels wahrgenommen.

Tillmann: Matrosen waren Sympathieträger. Durch die Propaganda der Marine und durch die Medien waren sie positiv besetzt. An ihnen hingen Attribute wie Loyalität und Integrität. Diese Attribute wurden auch im Kontext der Revolution wahrgenommen, und die Matrosen galten nun als besonders glaubwürdige Personifizierung der Aufstandsbewegung.

Graul: Auch in Wilhelmshaven waren die Matrosen vom November bis weit in den Januar hinein die Träger der revolutionären Bewegung. Es waren insbesondere die wehrpflichtigen Matrosen, also die jüngeren, während sich die älteren Berufssoldaten und die Deckoffiziere eher konservativ verhalten haben. Insofern war es zunächst ein Matrosenaufstand, der ab dem 6. November allerdings stark durch Solidaritätsaktionen der Arbeiterbewegung unterstützt wurde, also der Gewerkschaften und der politischen Gruppierungen der MSPD und der USPD.

■ **Was ist in den ersten Novembertagen 1918 in Wilhelmshaven und Kiel passiert?**

Rackwitz: Die Matrosen haben in massivem Umfang Befehle verweigert, sind nicht mehr an Bord der Schiffe gegangen. Die Besatzungen der Schlachtkreuzer »Derfflinger« und »Von der Tann« haben sich geweigert, an Bord zu gehen. Auf anderen Schlachtschiffen haben sie das Feuer unter den Kesseln gelöscht, so dass die Schiffe nicht mehr auslaufen konnten. Sie haben Ankerwinden sabotiert, sie haben insgesamt die Schiffe unbrauchbar gemacht. Auch auf der »Helgoland« und auf der »Thüringen« kam es zu Befehlsverweigerungen Hunderter Matrosen. Auf der »Thüringen« haben sich die Matrosen bewaffnet und im Schiff verschanzt, die Offiziere entwaffnet. Das Schiff konnte erst unter der Drohung, dass andere Schiffe es beschießen würden, wieder unter Kontrolle gebracht werden. Die Befehlsverweigerungen gegen den militärisch unsinnigen Auslaufbefehl gegen Großbritannien haben vom I. auf das III. Geschwader übergriffen und drohten dann eigentlich alle großen Schiffe vor Wilhelmshaven zu erfassen. Die Marineführung hatte dort die Gewalt über ihre Matrosen faktisch verloren. Als die Seekriegsleitung erkennen musste, dass die Schiffe nicht mehr einsatzfähig waren, wurde beschlossen, sie in ihre Heimathäfen zurückzuschicken, damit sich die Meutereien möglichst nicht noch weiter ausbreiten. Deshalb wurde das III. Geschwader in der Nacht zum 1. November über den Kaiser-Wilhelm-Kanal nach Kiel zurückverlegt. Auf dieser Fahrt hat der Geschwader-Chef, Vizeadmiral Kraft, auf dem Linienschiff »Markgraf« noch einmal 47 Matrosen verhaften lassen, die er für die Rädelsführer hielt.

Graul: Die Meuterei ist mit dem III. Geschwader nach Kiel exportiert worden. Dort war die Situation vorher schon so angespannt, dass sie sich zu einer Massenbewegung auf der Straße entwickelte. Und diese Massenbewegung ist nach der Gründung des Arbeiter- und Soldatenrats am 4. November dann nach Wilhelmshaven reimportiert worden und hat dort zu den gleichen Phänomenen geführt wie in Kiel.

Rackwitz: Als die Matrosen in Kiel ankamen, wurde ihnen großzügig Landurlaub gewährt, weil man hoffte, die angespannte Stimmung auf den Schiffen auf diese Weise wieder zu beruhigen. Dadurch haben die Matrosen den Aufruhr in die Stadt getragen. Ihre erste Sorge war: Was wird aus unseren verhafteten Kameraden? Droht ihnen dasselbe Schicksal wie den hingerichteten Kameraden 1917? Mit dieser berechtigten Sorge sind sie an Land gegangen und haben den Kontakt zur Politik gesucht.

Graul: In Wilhelmshaven wie in Kiel war der Stationschef der Marine die Zielfigur der revoltierenden Matrosen. Er war der Inhaber der militärischen und als Gouverneur auch der zivilen Macht. Mit ihm musste man sprechen, wenn man Veränderungen herbeiführen wollte. In beiden Fällen hat der jeweilige Kommandeur nachgegeben bei den Forderungen, die er entscheiden konnte, etwa der Freilassung von Gefangenen, und hat die Forderungen, die grundsätzlicher Art waren, nach Berlin übermittelt.

Rackwitz: Der entscheidende Tag war der 4. November. Morgens hatte der Gouverneur noch die Macht. Am Abend des 4. November ist die Macht bei einem Soldatenrat, bei den Aufständischen. Im Verlauf dieses Tages wechseln über 20.000 Matrosen die Seite, laufen zu den Aufständischen über. Eine Einheit nach der anderen verweigert die Befehle, bewaffnet sich, und schon am Nachmittag muss der Gouverneur, der keine Mittel mehr hat, das niederzuschlagen, in Verhandlung mit den Aufständischen treten. Die drücken jede Forderung gegenüber dem Militärgouverneur durch und sind am Abend des 4. November die neuen Herren in der Stadt. Am Morgen des 5. November wehen rote Fahnen über fast allen Kriegsschiffen auf der Kieler Förde. Es wehten rote Fahnen am Rathaushausturm. Ein Beigeordneter des Arbeiterrats kontrolliert jetzt den Oberbürgermeister, und am Abend des 5. November wehte auch über dem Kieler Schloss eine rote Fahne. Prinz Heinrich, der jüngere Bruder des Kaisers, ist in Zivilkleidung getarnt aus Kiel auf sein Gut nach Hemmelmark bei Eckernförde geflohen.

■ **Wie reagierte die politische und militärische Führung auf den Aufstand?**

Rackwitz: Admiral Souchon hat nach der Schießerei am Abend des 3. November einen Politiker aus Berlin angefordert, um die problematische Situation in Kiel zu lösen. Die Regierung von Prinz Max von Baden hat sich dann entschieden, Gustav Noske, den Marineexperten der SPD-Fraktion, nach Kiel zu schicken. Sowohl beim Militär, als auch bei den Arbeitern und den einfachen Soldaten genoss er als SPD-Politiker Ansehen. Noske ist mit dem Auftrag nach Kiel geschickt worden, diesen Aufstand einzudämmen, zu kanalisieren. Es sollte sich bloß kein Flächenbrand über das Deutsche Reich ausbreiten. Als er in Kiel angekommen war, haben ihn die aufständischen Matrosen und Arbeiter als einen der ihren betrachtet – ein Sozialdemokrat. Noske hat sich an die Spitze der Revolution gestellt und ist innerhalb von 24 Stunden zum Vorsitzenden des Soldatenrates gewählt worden. Drei Tage später, am 7. November, hat er sich zum Militärgouverneur wählen lassen. Er hat sofort begonnen, den Schwung aus der Revolution zu nehmen. Seine Aufgabe war ja nicht, dieser Revolution zum Durchbruch zu verhelfen. Dabei hat er verschiedene Methoden angewandt. Als Erstes hat er die Aufständischen weitgehend entwaffnet, wieder für Ruhe und Ordnung in der Stadt gesorgt. Zum anderen hat er als Militärgouverneur die Matrosen in Urlaub geschickt, um so Druck aus dem Kessel zu nehmen. Das war allerdings eine zweischneidige Sache. Die beurlaubten Matrosen haben sich auf den Heimweg gemacht und über die Eisenbahnstrecken die Revolution ins ganze Land getragen. So hat sich von

Kiel aus die Revolution über ganz Norddeutschland und das Deutsche Reich verbreitet.

■ Wie reagierte die deutsche Sozialdemokratie?

Fischer: Die Sozialdemokratie ist vielleicht eine revolutionäre Partei gewesen, aber sie wollte keine Revolution. Man muss feststellen, dass die Bürgerlichkeit, die in weiten Teilen der Sozialdemokratie herrschte, dem entsprach, was auch die Mehrheit der Bevölkerung wollte: Ordnung und eine Perspektive, wie es nach dem Krieg weitergehen soll. Diesem Pragmatismus und dieser Reformorientiertheit war die Sozialdemokratie immer verbunden.

■ Wie breitete sich die Revolution weiter aus?

Huck: Die Ereignisse gewannen etwa in Wilhelmshaven an Dynamik, als sich vom 5. auf dem 6. November 1918 die Kunde von den Unruhen in Kiel auch in Wilhelmshaven verbreitete und die 14 Kieler Punkte aufgegriffen wurden. Der Matrose Carl Richard Linke ist ein interessantes Beispiel. Er gehörte zu jenen, die im Herbst 1917 als vermeintliche Unruhestifter verhaftet worden waren. Zu Beginn der Revolution ist er in Rendsburg inhaftiert, wird von U-Boot-Besatzungen befreit und begibt sich danach nicht nach Hause zu seiner Verlobten, sondern setzt sich in den Zug nach Wilhelmshaven, einen der letzten, der Kiel noch verlässt. Er will jetzt etwas zu der Bewegung beitragen. Er richtet schon Worte an die U-Boot-Besatzung, trifft Kameraden von der SMS »Helgoland« in Bremen und spricht dort auch zu ihnen. Sinngemäß sagt er, er müsse nun das Vermächtnis der im Jahr zuvor hingerichteten Matrosen Köbis und Reichpietsch vollenden.

Graul: Auf jeden Fall haben die Zeitungen berichtet. Zum Beispiel konnte man die 14 Kieler Forderungen schon am Morgen des 6. November in der Weser-Zeitung in Bremen nachlesen, sie sind mit Sicherheit auch in Wilhelmshaven bekannt gewesen. Allen Beteiligten, insbesondere den Seeleuten, den Matrosen und Heizern steckte der Schreck von 1917 noch in den Knochen. Dort waren für vergleichsweise geringe Vergehen lange Festungshaftstrafen und zwei Todesstrafen verhängt worden. Deswegen hatte man das Vertrauen in die Militärjustiz verloren und machte sich Sorgen, was mit denen passieren würde, die anlässlich der neuerlichen Befehlsverweigerungen in Haft genommen wurden. Die Forderung nach der Freilassung der Inhaftierten findet man auf allen Forderungskatalogen an erster Stelle.

Huck: Damals erschienen Zeitungen noch zwei Mal am Tag. Nachrichten verbreiteten sich äußerst schnell. Die Eisenbahn spielte eine große Rolle als Verteiler. Das war einer der Gründe, warum man am 6. November 1918 den Zugverkehr aus Kiel einstellte.

Tillmann: Die Matrosen wussten: Revolution in Kiel, das reicht nicht, das wird nichts. Man kann ein Prinzip beschreiben, nach dem die Kommunikation bzw. die Verbreitung der Bewegung allerorts ablief: Die Matrosen kamen, man gründete gemeinsam mit Aktivisten vor Ort Arbeiter- und Matrosenräte. Der zweite Punkt war immer, dass man die politischen Gefangenen befreite, die überall seit 1917 in den Gefängnissen saßen. In der Regel gab es Massendemonstrationen. Die Arbeiter- und Soldatenräte haben dann in die Kommunalverwaltungen eingegriffen oder mit ihnen zusammengearbeitet. Das ging im ganzen Deutschen Reich so. Der Höhepunkt war dann am 10./11. November in Berlin, wo schließlich die nationale Ebene erreicht war.

■ Welche Forderungen wurden während der Revolution gestellt?

Rackwitz: Die politischen Forderungen des Kieler Soldatenrates und des Kieler Arbeiterrates sind am Anfang eher vage gewesen. Die meisten Forderungen bezogen sich eher auf das Militär, auf Erleichterung im Dienst. Es gab die Forderung der Befreiung aller politischen Gefangenen einschließlich der seit 1917 wegen der Matrosenmeuterei in Wilhelmshaven einsitzenden Matrosen. An die Politik wurden dann aber Forderungen gestellt wie allgemeines, gleiches Wahlrecht für alle, auch für Frauen, Abschaffung des ungerechten preußischen Dreiklassenwahlrechts, Abschaffung des kommunalen Zensuswahlrechts, das einen großen Teil der Arbeiter von der Wahlbeteiligung ausschloss. Man forderte jetzt Reformen. Grundrechte, die im ersten Weltkrieg eingeschränkt waren, wie Pressefreiheit, Versammlungsfreiheit, Demonstrationsrecht, Vereinsfreiheit wurden jetzt wieder eingefordert.

Huck: In den Tagen nach dem 4. bzw. 6. November veränderte sich in Wilhelmshaven, wie in Kiel, die Bewegung. Was zunächst als Protest gegen Zustände innerhalb der Flotte, vor allem auf den Großkampfschiffen der Hochseeflotte begann, mündet in politische Forderungen und gesellschaftliche Utopien, die am 10. November 1918 in der Ausrufung der Sozialistischen Republik Oldenburg-Ostfriesland am Grodenschulplatz in Wilhelmshaven gipfelten.

■ **Was hat Matrosen, Soldaten und Arbeiter in der Revolution zusammengeführt?**

Rackwitz: In Kiel kommt es Mitte Oktober 1918 zu Solidaritätsstreiks auf den Werften. Man verlangte, auf die Forderungen der Alliierten einzugehen und sich gegen das Militär durchzusetzen. Die streikenden Arbeiter traten für die neue Regierung unter Max von Baden ein, für die Annahme von Friedensbedingungen.

Fischer: Ohne den Einsatz der Arbeiter wäre die Revolution mit Sicherheit anders verlaufen. Man kann davon ausgehen, dass die Befehls- und Gehorsamsstruktur des Militärs zu anderen Entscheidungen geführt hätte.

Rackwitz: Arbeiter und Soldaten haben erkannt, dass sie getrennt zu schwach waren, um das alte Herrschaftssystem zu stürzen. Die Matrosen suchten den Kontakt zur Politik, zur SPD und USPD, zu den Vertretern der Arbeiter. Die Arbeiter waren unzufrieden über die ausgebliebenen politischen Reformen. Und es ist sicherlich auch das Verdienst des Matrosenführers Karl Artelt und des Arbeiterführers Lothar Popp, dass sie diese Bewegungen zusammenführen: rebellierende Matrosen und kriegsmüde Arbeiter. Artelt und Popp waren in Kiel schon bekannte, streikerfahrene Personen. Karl Artelt hat die großen Streiks im Oktober 1916 und 1917 organisiert. Lothar Popp führen den Januarstreik 1918 an, der von Kiel ausging und für zwei Wochen die gesamte Rüstungsproduktion im deutschen Reich lahmlegte.

■ **Wie wurde aus dem Matrosenaufstand ein breiter Volksaufstand?**

Rackwitz: Ein ganz entscheidender Schritt von den Befehlsverweigerungen im Matrosenaufstand zu einem breiten Volksaufstand war sicherlich der 3. November abends in Kiel. Zuvor hatten sich am Nachmittag etwa 5.000 bis 6.000 Matrosen und mehrere hundert Arbeiter im Viehburger Gehölz getroffen, gemeinsam demonstriert und beschlossen, die gefangenen Matrosen aus der Arrestanstalt in der Feldstraße zu befreien. Als sich dieser Demonstrationszug in Richtung Marinearrestanstalt auf den Weg gemacht hat, haben sich in der Stadt immer mehr Arbeiter, aber auch Frauen, Kinder, immer mehr Zivilisten angeschlossen. Dieser Demonstrationszug ist bis auf zehntausend Leute angeschwollen, und als er dann kurz vor der Marinearrestanstalt von einer kaiserlichen Sperre aufgehalten wurde und diese Sperre in die Matrosen und Zivilisten geschossen hat, war das der Augenblick, in dem die Gruppen zu einer Schicksalsgemeinschaft zusammengeschweißt wurden, in dem sie erkannt haben: Einzeln können wir als Matrosen oder Arbeiter das System nicht ändern, aber gemeinsam sind wir Zehntausende. Und wenn wir zusammenhalten, dann haben wir eine Chance, unsere Forderungen durchzusetzen, den Militärgouverneur zu entmachten und ein anderes System herbeizuführen.

■ **Führte die Novemberrevolution zum Ende der Monarchie in Deutschland?**

Rackwitz: Die aus meiner Sicht wesentlichen Entwicklungen, die zum Untergang des Kaiserreichs geführt haben, waren zum einen die Kriegsniederlage und zum anderen die innere politische Schwächung des Reiches. Dazu trugen Hunger, Mangelwirtschaft und die nicht gelungene Integration der Arbeiterschaft in die politischen Machtstrukturen des Kaiserreichs bei.

Hillmann: Für die Offiziere und letztlich auch für die Admiralität war der Zusammenbruch der Monarchie ein ganz wichtiger Punkt, weil das einherging mit dem Verlust aller sozialen Privilegien, die sie bis dahin hatten.

Rackwitz: Man muss klar festhalten, der Matrosenaufstand im November 1918 und die deutsche Revolution sind nicht die Ursache für die deutsche Kriegsniederlage. Sie sind das Ergebnis der Kriegsniederlage.

■ **Welche Konflikte folgten auf die Revolution?**

Huck: Die Frage »Wie soll sich die Gesellschaft künftig organisieren?« zersplittert die Gesellschaft in linke und rechte politische Extreme. Es formieren sich linke Kräfte noch deutlich jenseits der USPD – Spartakus und später Kommunisten. Aber auch starke reaktionäre Kräfte, allen voran die Deutschnationale Volkspartei, stellen sich auf. Auf beiden Seiten lassen sich frühere Marineangehörige feststellen. Es kommt zu einer Zersplitterung der Gesellschaft, die letztlich konstituierend für die Weimarer Republik werden wird.

Fischer: Die Situation in Berlin ist gekennzeichnet durch ein pragmatisches Herangehen, durch die Angst vor einem Bürgerkrieg sowie vor einer Radikalisierung der Gesellschaft, die keiner in der Sozialdemokratie in Berlin wollte. Die Sozialdemokraten hatten in den Personen von Scheidemann und Ebert zwei wichtige handelnde Personen. Ihre Ziele gingen eher in Richtung einer Ordnungsbewahrung und einer Sicherung der gesellschaftlichen Stabilität als in die Umsetzung der revolutionären Forderungen, die aus Kiel nach Berlin drangen.

■ **Wie wurde die Revolution 1918/1919 bis heute in der Marine wahrgenommen?**

Rojek: In Deutschland herrschten in der allgemeinen Öffentlichkeit nicht wenige aus heutiger Sicht illusionäre Vorstellungen über die Bedingungen des Friedensvertrags von Versailles. Man hoffte auf einen milden »Wilson-Frieden«, und zumindest Teile der Politik haben diese Illusion geschürt. Die Marine hatte in diesem Zeitraum ein sehr negatives Image. Sie hatte aus Sichtweise ihrer Gegner und weiter Teile der Bevölkerung dazu beigetragen, dass Amerika in den Krieg eintrat. Weiterhin hat die Flotte für den Kriegsverlauf nichts gebracht, bestenfalls dazu beigetragen, den Krieg überhaupt auszulösen. Und schließlich ist auch noch das Kaiserreich zusammengebrochen, weil die Revolution aus der Flotte heraus betrieben worden ist.

Huck: Die Revolution passte in keiner Weise zum Selbstbild der Marine, die sich selbst als kaisertreu und staatstragend und als »des Kaisers schimmernde Wehr« ansah und sich nun in der Rolle des Königsmörders wiederfand.

Rojek: Als die Versailler Vertragsbedingungen langsam in der Öffentlichkeit ruchbar wurden, führte das zu einem nationalistischen Aufschrei. Die Weimarer Republik wurde in gewisser Weise gegen den Versailler Vertrag gegründet, damit aber die Konfliktkonstellation aus dem Ersten Weltkrieg in die Weimarer Republik hinein verlängert. Deshalb verschwindet der Erste Weltkrieg als geschichtspolitisches Thema auch nicht aus den politischen Verhandlungen der Weimarer Republik. Und auch nicht die Probleme, die damit für die Marine einhergehen. Da kommt die Idee auf, wenn wir die Flotte selbst versenken, dann können wir ein Zeichen gegen Versailles setzen und darauf hoffen, dass die Öffentlichkeit die Marine wieder anerkennt. Mit dieser Idee versucht man gewissermaßen, die Scharte von Erstem Weltkrieg und Revolution wieder auszuwetzen. Gleichzeitig war es eine Möglichkeit zu zeigen, dass man die Handlungsmacht über die eigene Flotte behält. Ein Untergang mit wehender Flagge entsprach dem Ideal des Kampfverhaltens, das in der Marine kultiviert worden war. Man kämpft bis zum letzten Mann, das Schiff geht notfalls mit Mann und Maus unter, aber der Ehre ist Genüge getan. Der Gedanke »Stirb und Werde – Untergang und Aufstieg« war offenbar das attraktivste Modell in dieser Situation, um das öffentliche Image, die eigenen Ehrvorstellungen und den Umgang mit der Niederlage so zu gestalten, dass man aus Sicht der Marine alle Vorteile auf seiner Seite hatte und eine neue Zukunft gewinnen konnte.

Rackwitz: Gerade die deutsche Marine hat sich mit dem Matrosenaufstand besonders schwergetan. Lange Zeit hat die Marine das als einen Makel empfunden und sich die Frage gestellt, wie kann man einen Aufstand, wie kann man Befehlsverweigerung – aus Sicht der Offiziere sogar Meuterei – wie kann man so etwas an den Anfang einer positiven Tradition stellen?

Hillmann: Auf die Ereignisse 1917 blickend, gab es 1958 in Glücksburg einen Vortrag eines damaligen SPD-Abgeordneten und Wehrexperten, Oberstleutnant a.D. Fritz Beermann. Er sagte in seinem Vortrag über die Tradition der Bundesmarine, Karl Dönitz [Großadmiral, NSDAP-Mitglied, nach dem Willen Adolf Hitlers letztes Staatsoberhaupt des Deutschen Reichs] sei kein Vorbild in der heutigen Zeit und kann auch nicht traditionsstiftend sein. Viel eher seien es die 1917 nach den Marinestreiks hingerichteten Heizer Max Reichpietsch und Albin Köbis. Das löste eine Empörung unter den anwesenden Marineoffizieren und eine langanhaltende Debatte in der Frühzeit der Bundesrepublik Deutschland aus, die so genannte Glücksburger Affäre.

Rackwitz: Heutzutage ist in der Marine die Einsicht durchgedrungen, dass die Befehlsverweigerungen vor Wilhelmshaven 1918 gerechtfertigt waren, da sich die Marineführung damals ausdrücklich gegen die demokratisch legitimierte Regierung gestellt hatte. Diese hatte sowohl vom Kaiser als auch von der militärischen Führung den Auftrag, schnellstmöglich einen Waffenstillstand herbeizuführen.

Hillmann: Natürlich debattieren wir heutzutage in der Marine über die Ereignisse, aber eher in einer ganz normalen Diskussionslandschaft und in der Diskurswelt, wie wir sie gewohnt sind. Wenn die Frage gestellt wird, ob die Matrosen des Jahres 1918 nun traditionswürdig für die Bundesrepublik Deutschland und unsere heutige deutsche Marine sind, so verneine ich das.

■ **Wie wurde die Revolution 1918/1919 bis heute bewertet?**

Rackwitz: Die von Hindenburg, Ludendorff, Konservativen und Militärs wider besseres Wissen gestreute Lüge der Dolchstoßlegende brachte den Matrosenaufstand und die Novemberrevolution mit der Kriegsniederlage in Verbindung.

Huck: Die Nationalsozialisten ließen die Dolchstoßlegende, die ihren Höhepunkt und ihre öffentliche

Wirksamkeit eigentlich 1924/1925 gehabt hatte, wieder aufleben. Man diffamierte die Revolutionäre als »Novemberverbrecher«, die angeblich dem kämpfenden Heer in den Rücken gefallen seien. Darüber hinaus setzten sie die Revolution mit Bolschewismus gleich und tabuisierten und bekämpften alles, was mit Revolution zu tun hatte.

Rackwitz: Die Wahrnehmung der Ereignisse im November 1918 hat bis in die heutige Zeit einen fundamentalen Wandel vollzogen. Aus meiner Sicht ist die Revolution 1918 bisher unterbewertet worden. Mal ist von einer vergessenen Revolution die Rede, mal von einer abgebrochenen, mal von einer gescheiterten Revolution. Schaut man sich aber unter dem Strich an, was sich dadurch geändert hat, müssen wir feststellen, dass wir von einem autokratischen Kaiserreich zu einer demokratischen Republik gekommen sind. Bürgerliche Grundrechte wie Pressefreiheit, Meinungsfreiheit, Gleichberechtigung wurden durchgesetzt und die Stellung der Arbeiterschaft durch die betriebliche Mitbestimmung gestärkt. Es gab sehr viele wichtige Ansätze, die bis in unsere heutige Bundesrepublik Deutschland übernommen worden sind und weiterhin wirken.

Tillmann: Die Dolchstoßlegende hat in der Bundesrepublik noch lange Zeit Anhänger gefunden oder ist zumindest wenig widerlegt worden, während in der DDR die Revolution glorifiziert wurde. Die DDR sah sich in der Tradition dieser Revolution, erst die DDR hat den sozialistischen Staat auf den Weg gebracht. Beide deutschen Staaten haben sich immer gegeneinander abgegrenzt: politisch, ideologisch, aber auch kulturell. Es ist spannend zu sehen, dass sich erst nach der Wiedervereinigung 1989/1990 allmählich eine gemeinsame Erinnerungskultur aufbaut.

Huck: Die Ereignisse liegen jetzt 100 Jahre zurück, das heißt, sie befinden sich außerhalb des Erlebnishorizontes aller Lebenden. Es gibt heute keine Zeitzeugen der Revolution mehr. Vielleicht gerade in dem Maße, in dem die DDR sich die Ereignisse von 1918 zu eigen machte, wurden sie in der Bundesrepublik abgelehnt. Der Grund, weshalb wir heute anders über die Revolution reden können, liegt darin, dass mit dem Ende des Kalten Krieges die ideologische Aufladung der Revolution fortgefallen ist.

Fischer: Die Revolution kann als eine unbeliebte Revolution interpretiert werden, weil sie häufig entweder als das Ende eines Krieges gesehen wurde oder als Beginn einer sehr schwachen Demokratie, mit der sich Deutschland schon immer schwergetan hat, der Weimarer Republik. Sehr schnell ist die Revolution auch in die geschichtspolitische Konkurrenz der beiden deutschen Staaten gekommen, was dazu führte, dass die DDR nach 1945 die Revolution sehr hochleben ließ, während die Befassung mit diesen Ereignissen in der Bundesrepublik eher marginal war. Generell rückte in Westdeutschland die Revolution nach 1945 aus dem Erinnerungsfokus und entwickelte keine Attraktivität mehr. Dies änderte sich nach 1968, als es ein neues Interesse an basisdemokratischen Bewegungen gab, und noch stärker nach dem Mauerfall, als endlich eine ideologiefreie Deutung möglich war.

Huck: Es ist interessant festzustellen, dass die Revolution 1918/1919 von der Peripherie ins Zentrum wirkte. Damit unterscheidet sie sich fundamental etwa von der französischen Revolution 1789 oder auch der russischen Revolution 1917. In diesem Fall »revolutionierte die See das Land«, wie es Harry Graf Kessler sinngemäß ausgedrückt hat.

Tillmann: Wir haben in der Geschichtsaufarbeitung lange polarisierte Positionen gehabt – rechts oder links. Aber dass wir heute bereit sind, die Ereignisse von 1918 als einen Schritt der deutschen Demokratiegeschichte zu sehen und sie deswegen allgemein positiv bewerten, das ist neu.

GESCHICHTSLEKTIONEN: DIE NOVEMBERREVOLUTION 1918 IN FILM UND FERNSEHEN

JEANPAUL GOERGEN

Von der Novemberrevolution 1918 in Berlin sind kaum zeitgenössische Filmaufnahmen überliefert. Etwas besser dokumentiert sind die folgenden Ereignisse bis zu den Märzkämpfen 1919 und der Münchner Räterepublik im April 1919: Diese wenigen Originalaufnahmen werden nach 1945 immer wieder in Dokumentationen eingesetzt. Während des Matrosenaufstands in Kiel am 3. November 1918 wurden keine Filmaufnahmen gemacht; der Film *Wilhelmshaven im Zeichen der Revolution* über die Ausrufung des Freistaates Oldenburg-Ostfriesland am 10. November 1918 ist leider nicht erhalten.

In der unmittelbaren Nachkriegszeit greifen einige Spielfilme die revolutionären Ereignisse auf. Der Spielfilm *Kaiser Wilhelms Glück und Ende* (1919) thematisiert die Novemberrevolution unter dem Motto »Es gärt im Volk«; eingeschnittene dokumentarische Aufnahmen sollen Authentizität herstellen und die Handlung beglaubigen. In der Satire *Der letzte Untertan* (1919, ca. 63′) passt sich ein kaisertreuer Zeitungsverleger nach dem Umsturz geschmeidig den neuen Verhältnissen an. Der antibolschewistische Spielfilm *Die entfesselte Menschheit* (1920, ca. 120′) über die verheerenden Auswirkungen eines Bürgerkriegs nimmt sich den Januaraufstand 1919 in Berlin zum Vorbild.

Der 1928 von der Ufa mit aufwändigen Spielszenen produzierte Wahlfilm *Wohin wir treiben* (ca. 25′) für die Deutschnationale Volkspartei greift indirekt das rechte Schlagwort von den »Novemberverbrechern« auf, indem es die Revolutionäre als »verführtes Volk« schmäht. Im Film degradieren sie Offiziere, werfen aus einem Hinterhalt Handgranaten in einen vollbesetzten Truppentransporter, plündern und randalieren. Eine unmittelbare Folge dieses »chaotischen, selbstzerfleischenden Wahnsinns« (so ein Zwischentitel) sei der Versailler Vertrag mit all seinen negativen Folgen gewesen. Die Schuld an dieser Entwicklung gibt der Film ausschließlich der SPD. Der von der Filmzensur erst freigegebene Streifen wird 1931 als »Angriffsfilm gegen die Sozialdemokratische Partei und als Hetzfilm gegen den gegenwärtigen Staat überhaupt« verboten.

Ein Jahr später übernimmt der biografische Dokumentarfilm *Der eiserne Hindenburg in Krieg und Frieden* (1929, ca. 77′) diese gestellten Aufnahmen. Möglicherweise enthielt auch der nur fragmentarisch überlieferte Propagandafilm *Blutendes Deutschland* (1932/33, 36′ bzw. 68′) über die Geschichte der nationalsozialistischen Bewegung eine ähnlich verhetzende Darstellung der Novemberrevolution.

Ende 1934 kommt der antibolschewistische und antisemitische Spielfilm *Um das Menschenrecht. Ein*

61

Inserat aus der Wilhelmshavener
Zeitung vom 24. November 1918.
Wilhelmshavener Zeitung

Filmwerk aus der Freikorpszeit (122′) in die Kinos. Er schildert die unterschiedlichen Wege von vier befreundeten Frontsoldaten während der Nachkriegszeit und der Münchner Räterepublik. Die Revolutionäre werden als undisziplinierter Haufen dargestellt, die nicht nur wilde Gelage feiern, sondern auch plündern, willkürlich Geiseln nehmen und erschießen. Bei den Barrikadenkämpfen stehen sich die ehemaligen Frontkameraden dann als Feinde gegenüber. Nach dem Ende der Kämpfe werden drei von ihnen auswandern, der vierte, der auf der Seite der Freikorps kämpfte, wird bleiben und am Aufbau einer neuen »Volksgemeinschaft« mitarbeiten: »Es müsste einer kommen in Deutschland, der wieder Zucht und Ordnung schafft!« Abgesehen von diesem Film ist die Novemberrevolution im Spielfilm des »Dritten Reichs« aber kein Thema: Propagandaminister Joseph Goebbels verlangt zeitnahe Filme, die gegenwartsbezogene Themen im Sinne des Regimes aufbereiten.

Auch der nationalsozialistische Dokumentarfilm rekurriert nur selten auf die Novemberrevolution. 1938 nehmen die *Ufa-Tonwoche* 428 und die *Tobis-Wochenschau* 47 den 20. Jahrestag der Revolution zum Anlass, um mit Archivbildern das »Chaos« (so der Kommentar) jener Tage aufzurufen, die Erfolge des Nationalsozialismus und die pompösen Feiern zum Jahrestag des Hitler-Putsches vom 9. November 1923 in München herauszustellen. Eine nur stumm überlieferte Sequenz des abendfüllenden Dokumentarfilms *Jahre der Entscheidung* (1939, 97′) über die Geschichte der NSDAP montiert wild durcheinander Originalaufnahmen aus der Revolutions- und Nachkriegszeit.

Nach 1945 gehen zahlreiche Spiel- und Dokumentarfilme, Fernsehbeiträge, Sendungen des Schulfernsehens sowie Unterrichtsfilme auf die Novemberrevolution ein. Sie wird allerdings meist nur kurz, als Episode im Rahmen von breiter angelegten Geschichtsdokumentationen behandelt. Andere Filme wiederum sind lokalhistorisch ausgerichtet, wie *Bayern im 20. Jahrhundert. Abend der Monarchie und die Revolution* (BR 1991, 45′). Der Bayerische Rundfunk legt zudem einen Schwerpunkt auf die Darstellung der Münchner Räterepublik, etwa mit der zweiteiligen Dokumentation *Revoluzzer, Räte, Reaktionäre* (1969, 43′ und 50′). Auch Porträt-Sendungen wie *Rettung oder Verrat? Friedrich Ebert und die Deutsche Revolution 1918/19* (SWR 1989, 43′) gehen auf die Novemberrevolution ein.

Vor allem das Fernsehen entwickelt eine Vielzahl von unterschiedlichen Formaten, die von ausschließlich auf historische Fotos und Filme zurückgreifenden Dokumentationen über Interviews mit Zeitzeugen, Nachinszenierungen und Studiogesprächen hin zu aufwändigen Nachinszenierungen und Fernsehspielen reichen. In den letzten Jahren überwiegen Dokudramen, die historische Ereignisse publikumswirksam fiktionalisieren.

In beiden deutschen Staaten entwickeln sich unterschiedliche Erzählungen von der Novemberrevolution, die sich in deren filmischer Darstellung widerspiegeln. Bereits zum 30. Jahrestag der Novemberrevolution 1948 proklamiert die DEFA-Wochenschau Nr. 131 *Der Augenzeuge* das offizielle Narrativ der DDR. Zu historischen Fotos – die Originalaufnahmen von 1918 stehen kurz nach Kriegsende noch nicht zur Verfügung – wird die Sozialdemokratie denunziert, die damals wie heute die Massen belügen würde: »Der Kaiser ging, aber seine Generale blieben, um Arm in Arm mit der SPD die Revolution niederzuknüppeln.« Mit der »verratenen Revolution« habe der Weg zu Hitler begonnen. Es sei an der Zeit, so die Schlussfolgerung, »die notwendigen Lehren daraus zu ziehen.«

Der erste in der DDR groß begangene Jahrestag der Novemberrevolution ist der 40. Jahrestag 1958. Das Fernsehen der DDR sucht noch nach gestalterischen Formaten, um Geschichte zu erzählen und diese an die sozialistische Gegenwart anzubinden. Am 5. November 1958 strahlt der Deutsche Fernsehfunk im Abendprogramm die halbstündige Sendung *Unter der Roten Fahne* aus, in der u.a. Hermann Duncker, Mitbegründer des Spartakusbundes und der KPD, mit Emphase von seinen Erlebnissen erzählt. Dazwischen rezitiert ein Schauspieler voller Pathos das »Lied von der Roten Fahne« von Erich Weinert.

Am 9. November 1958 überträgt der Deutsche Fernsehfunk nachmittags die Festveranstaltung des Zentralkomitees der SED in der Werner-Seelenbinder-Halle in Berlin. Abends sendet er unter dem Motto »Den Söhnen der Revolution« eine von namhaften Berliner Künstlern gestaltete Auswahl von Dramen und Gedichten zu den historischen Ereignissen. Bei der Veranstaltung in der Werner-Seelenbinder-Halle wird auch der DEFA-Spielfilm *Das Lied der Matrosen* (1958, 126') uraufgeführt. Dieser Film – in der Folgezeit zu fast jedem Jahrestag im Fernsehen gesendet und zudem ausschnittsweise in vielen Sendungen eingesetzt – etabliert sich als gültige visuelle Darstellung des Matrosenaufstands.

Das Lied der Matrosen spannt den Bogen in epischer Breite von der Matrosenrevolte 1917 über die deutsch-sowjetische Freundschaft am Beispiel der Oktoberrevolution hin zum Aufstand in Kiel Anfang November 1918. In scharfer Schwarzweiß-Malerei werden nicht nur die darbenden Matrosen den in Saus und Braus lebenden Offizieren, sondern vor allem die zum revolutionären Kampf entschlossenen Spartakisten den abwiegelnden und zögernden bürgerlichen Revisionisten der SPD gegenübergestellt. Die Lehre aus dem Aufstand zieht einer der spartakistischen Matrosen mit der Frage: »Wo ist unser bolschewistischer Kommandotrupp? Unsere revolutionäre Zentrale?« Folgerichtig endet der Film mit der Gründung der Kommunistischen Partei Deutschlands und frisiert die Niederlage der radikalen Linken in der Novemberrevolution zu einem strahlenden Sieg um.

Zum 40. Jahrestag 1958 wird in der DDR zusätzlich noch ein Dokumentarfilm produziert. *Uns mahnt ein November* (1958, 45') läuft am 14. November 1958 in den Kinos an, tags darauf strahlt ihn der Deutsche Fernsehfunk in seinem Vormittagsprogramm aus. Bereits im Vorspanntitel gibt *Uns mahnt ein November* die Lesart vor: »... der Verrat soll nie vergessen sein, nie der Betrug und die Spaltung, die damals die Arbeiterklasse um die Früchte ihres Sieges brachte.«

Das Lied der Matrosen (DDR 1958): Mit Patronengurten gepanzerte revolutionäre Männlichkeit der Spartakisten gegen den geduckten und verhutzelten Bürokraten Gustav Noske (Werner Wieland) von den Mehrheitssozialdemokraten.
©DEFA-Stiftung/ Herbert Kroiss, Heinz Wenzel

Neben Originalfilmaufnahmen und Dokumenten sowie Trickszenen setzt der Film vor allem auf Spielszenen. Die Novemberrevolution nimmt rund zehn Minuten des Films ein. Ausführlich stellt er den imperialistischen Hintergrund des Weltkriegs, die Oktoberrevolution, die Entwicklung der kommunistischen Bewegung nach 1918 sowie den aktuellen Kampf gegen die »Atomwaffen in den Händen der alten Kriegsverbrecher« in Westdeutschland dar. In einer Schlüsselszene in der Darstellung der Novemberrevolution vereinigen sich aus Seitenstraßen aufeinander zulaufende Demonstrationszüge – eine visuelle Anspielung auf die sich zur SED vereinigenden Demonstrationszüge von KPD und SPD, die die DEFA für den Dokumentarfilm *Einheit SPD-KPD* (1946, 19') inszeniert hatte. Erst mit Gründung der DDR sei Wirklichkeit geworden, »wofür Karl Liebknecht und Zehntausende in der Novemberrevolution gestritten haben.« Zu Aufnahmen der paramilitärischen Betriebskampfgruppen bei einer Parade wird die offizielle Lehre aus der Novemberrevolution verkündet: »Bei der Eroberung und Verteidigung der Macht nie wieder wehrlos zu sein: Hammer, Sichel und das Gewehr, die Betriebe und die Waffen in einer Hand, in der Arbeiterhand.«

Am 13. Januar 1972 – zwei Tage vor dem 53. Jahrestag der Ermordung Karl Liebknechts am 15. Januar 1919 – findet im Ost-Berliner Kino International die feierliche Premiere von *Trotz alledem! – Ein Film über Karl Liebknecht* statt. Das mehr als zweistündige Biopic behandelt das Leben und Wirken Liebknechts von seiner Entlassung aus dem Gefängnis am 23. Oktober 1918 bis zu seiner Ermordung. Der opulent in Farbe und Breitwand inszenierte Film zeichnet vor allem die politischen Auseinandersetzungen zwischen Liebknecht und dem Spartakusbund einerseits und den Sozialdemokraten um August Bebel und Philipp Scheidemann andererseits nach. Ganz im Sinne der offiziellen Geschichtsinterpretation der DDR wird die radikale Position Liebknechts als die einzig richtige herausgestellt, die nur deshalb scheitert, weil es noch keine revolutionäre Partei gibt, »die die Unklarheit

Karl Liebknecht (Martin Flörchinger) ruft vom Balkon des Berliner Stadtschlosses die sozialistische Republik aus. Motiv aus einer Bildermappe der DEFA, die zu dem Spielfilm *Ernst Thälmann. Sohn seiner Klasse* (1954) erschien.
Deutsche Kinemathek, Berlin

in den Köpfen der Arbeiter« hätte beseitigen und den Aufstand anführen können. Die Gründung der Kommunistischen Partei Deutschlands zum Jahreswechsel 1918/19 wird folgerichtig als die bedeutsamste Errungenschaft der Novemberrevolution herausgestellt. Trotz des Versuchs der Regie, vor allem den Revolutionären eine menschliche Dimension zu verleihen, agieren diese zumeist als Sprachrohr der ihnen zugewiesenen politischen Positionen. Die Rekonstruktion der Ereignisse insbesondere an den historischen Orten im Zentrum Berlins überzeugt durch eine wirkungsvolle Inszenierung, die sich zum Teil an den zeitgenössischen Fotos orientiert. Die Ausrufung der Republik durch Philipp Scheidemann von einem Balkon des Reichstags am 9. November wird unterschlagen; Liebknechts Proklamation der sozialistischen Republik einige Stunden früher von einem Balkon des Berliner Schlosses dagegen breit ausgespielt. Bereits 1954 hatte der Spielfilm *Ernst Thälmann. Sohn seiner Klasse* (126') Liebknecht in einer an Lenin erinnernden Rednerpose inszeniert. Liebknechts Auftritt erscheint so als Gründungsstunde der DDR, das Gruppenbild als Vorwegnahme des Politbüros der SED.

Auch in DDR-Dokumentarfilmen fürs Kino wie *Matrosen in Berlin* (1978, 53') wird immer wieder das offizielle Narrativ zur Novemberrevolution propagiert. Vom Kino verlagert sich die Erzählung aber zusehends in das Fernsehen: Die Formate variieren, aber die Erzählung bleibt unverändert die gleiche.

Im Gegensatz zur DDR spielen im bundesdeutschen Spielfilm die Novemberereignisse nur selten eine Rolle. Der biografische Film *Rosa Luxemburg* (1986, 123') stellt die Persönlichkeit der Revolutionärin in den Vordergrund. Die politischen Unterschiede und Flügelkämpfe innerhalb der Sozialdemokratie werden zwar angesprochen, aber nicht ausgewälzt. Klug eingeschnittene Ausschnitte aus den Originalaufnahmen aus der Novemberrevolution konturieren die Handlung, die vor allem Flucht, Gefangennahme und Ermordung Rosa Luxemburgs zeigt. Politische Ereignisse wie die Gründung der »Roten Fahne«, die Abdankung des Kaisers und die Ausrufung der Republik werden eher beiläufig eingebracht. Im Gegensatz zum vorpreschenden Liebknecht betont sie, dass die Revolution nicht in Berlin, sondern nur in ganz Deutschland gewonnen werden könne. Die Massen seien noch nicht bereit; die vereinzelten Aktionen ergäben nur ein »sinnloses Blutvergießen, aber keine Revolution«. Die sich langsam ausbreitenden Wellen des nächtlichen Landwehrkanals nach ihrer Ermordung, mit denen der Film endet, wirken wie eine stumme Bestätigung dieser Einschätzung.

Die Handlung von *Das Spinnennetz* (1989, 196') nach dem gleichnamigen Roman von Joseph Roth setzt mit dem Matrosenaufstand in Kiel 1918 ein. Die Revolution ist hier ein fröhlich-unbeschwerter Demonstrationszug. Die Matrosen lachen, schwenken rote Fahnen, küssen ihre Liebchen, Kinder winken mit Blumen. Der Kommentar rezitiert ein pathetisches Revolutionsgedicht. Aber für Leutnant Lohse, die Hauptfigur des Films, bricht eine Welt zusammen: Seine Soldaten verweigern den Gehorsam, als er auf die Aufständischen schießen lassen will. Ein Revolutionär reißt ihm die Abzeichen ab; nach einem Stich mit dem Bajonett bricht er blutend zusammen: »Lass mich liegen, das will ich nicht überleben!« Aber er überlebt und seine Irrfahrt durch die deutsche Nachkriegsgeschichte beginnt.

Insgesamt bleibt das Bild der Novemberrevolution in den Filmen der Bundesrepublik unscharf. Häufig nacherzählt, wird sie nur selten in eine große Erzählung eingebettet und gedeutet. Das hängt nicht nur damit zusammen, dass der 9. November in der bundesdeutschen Erinnerungskultur zusehends mit dem Gedenken an die Pogromnacht 1938 und der Mahnung vor einem neuem Antisemitismus verknüpft wird. Vielmehr spiegelt die zurückhaltende Erinnerung an den 9. November 1918 vor allem die Unsicherheit bei der Ausdeutung der Novemberrevolution und deren Einordnung in eine nationale Erzählung aus der Sicht der Bundesrepublik wider.

So verzichtet beispielsweise der 1963 vom Institut für Film und Bild in Wissenschaft und Unterricht und der Bundeszentrale für politische Bildung produzierte Lehrfilm *Die Weimarer Republik von 1918–1925* (17') auf eine ausführliche Interpretation der Novemberrevolution. Das Lager der Revolution, so heißt es nur knapp, habe keine Einheit gebildet, sondern hätte »mit inneren Spannungen und tiefer politischer Zerrissenheit« zu kämpfen gehabt. Die »radikale Linke« hätte für eine »Rätediktatur« gegen die gewählte Regierung gekämpft; letztere aber stehe für den Beginn der parlamentarischen Demokratie in Deutschland.

Wohl der erste Fernsehbeitrag, der die Bedeutung der Novemberrevolution für das Selbstverständnis der Bundesrepublik ausführlich diskutiert, ist das 64minütige Feature *Republik ohne Geburtstag*, das der NDR am 12. November 1968 zum 50. Jahrestag sendet. Anhand von Interviews mit Zeitzeugen und Historikern wird auch der Stellenwert der Novemberrevolution im Selbstverständnis der Sozialdemokratie angesprochen: »Gescholten von rechts und links sind die Sozialdemokraten bis heute befangen gegenüber ihrer Geschichte.« Der 9. November 1918 werde aber auch nicht als Geburtstag der Republik angesehen: »Diese Republik hat überhaupt keinen Geburtstag.« In der Bundesrepublik tue man sich schwer mit der Novemberrevolution; es seien aber auch Fortschritte zu verzeichnen. So werde der Marineaufstand im Unterricht an der Marineschule Flensburg-Mürwik differenzierter als früher und nun als Beispiel einer falschen Menschenführung behandelt.

1968 und 1969 entstehen zwei bedeutsame Fernsehspiele zur Novemberrevolution. In der NDR-Produktion *Novemberverbrecher* (1968, 131') taucht ein Journalist des Jahres 1968 in die Zeit der Weimarer Republik ein und versucht, in Interviews mit den damals Beteiligten die Entstehung dieses polemischen

Nach ihrer Verhaftung werden *Rosa Luxemburg* (1986) (Barbara Sukowa) und Karl Liebknecht (Otto Sander) ins Hotel Eden gebracht, wo sie von Freikorpssoldaten geschlagen und verhöhnt werden. Kurz danach werden sie brutal ermordet.
Deutsche Kinemathek, Berlin

Schimpfwortes der Deutschnationalen und Nationalsozialisten nachzuzeichnen. Es entsteht ein komplexes, auf historischen Dokumenten und belegbaren Aussagen aufgebautes Spiel, in dessen Verlauf immer deutlicher wird, wie sich die Oberste Heeresleitung der politischen Verantwortung für die militärische Niederlage entzog. Vom Schlagwort der »Novemberverbrecher« führe schließlich eine direkte Linie zum »Dritten Reich«.

Auf Grund von ausführlichen Archivrecherchen und Gesprächen mit unmittelbar Tatbeteiligten rekonstruiert 1969 der Süddeutsche Rundfunk den Doppelmord an Rosa Luxemburg und Karl Liebknecht am 15. Januar 1919. Die zweiteilige Semidokumentation *Der Fall Liebknecht/Luxemburg* (82' und 78') rekonstruiert das Komplott einiger Offiziere der Gardekavallerie-Schützendivision zur Ermordung der beiden Arbeiterführer sowie die Justizbeugung beim anschließenden Prozess vor einem Feldkriegsgericht. Das Aufsehen erregende Dokumentarspiel benennt erstmals den damaligen Leutnant Hermann Souchon als Mörder Rosa Luxemburgs. Der bei der Erstausstrahlung noch lebende Offizier klagte gegen diese Darstellung und der Sender musste seine Erkenntnisse als »historische Deutung« relativieren.

Viele Fernsehbeiträge begnügen sich aber damit, die wichtigsten Ereignisse der Novemberrevolution aufzuzählen, ohne ihre Relevanz für die Gegenwart zu diskutieren; neue Erkenntnisse bzw. Neubewertungen sind daher selten. Die ausschließlich aus Filmdokumenten montierte Produktion der Chronos-Film *Kaiser, Bürger und Genossen* (1971, 89') ist beispielhaft für diese Herangehensweise. Dieser Film über Gründung, Aufstieg und Fall des zweiten deutschen Kaiserreichs endet mit der Novemberrevolution. Auf beiden Seiten, so der Kommentar, habe es Terror gegeben. Friedrich Ebert wollte »die Einheit des Volkes wieder herstellen und [...] Frieden machen zwischen den Bürgern und den Genossen.« Die Revolution sei »ein düsterer Anfang für die junge Republik« gewesen. Die selbst aufgeworfenen Fragen »Hätte die Struktur des alten Reiches gründlicher zerschlagen werden sollen als es geschah? Hätte sie zerschlagen werden können?« lässt der Film aber unbeantwortet.

Für den uneingeschränkten U-Boot-Krieg tritt Kapitän zur See von Levetzow (Conny Palme, links) ein. Der Oberst im Generalstab (Rolf Moebius) teilt seine Meinung. – »Ich sehe nur das hungernde Volk«, antwortet Vizekanzler von Payer (Rudolf Fenner, links) auf Ludendorffs Appell an die nationale Ehre. Philipp Scheidemann (Ernst Fritz Fürbringer, rechts) sieht die Lage im Herbst 1918 ebenso nüchtern. Aus: *Novemberverbrecher* (NDR 1968).
NDR / Christian Holtz

Dagegen verstehen sich die beiden knapp halbstündigen Sendungen der Reihe *Fragen an die deutsche Geschichte* zur Novemberrevolution, von der Chronos-Film 1976 für den Schulfunk des Sender Freies Berlin produziert, als Thesenfilme, die zur Diskussion um Deutung und Gewichtung der historischer Ereignisse anregen sollen. Der Historiker Peter Lösche nennt seinen Beitrag *Die verpaßte Chance* und argumentiert von einer linken Position aus: 1918/19 habe die nicht genutzte Möglichkeit bestanden, »eine demokratisch-sozialistische Republik zu errichten« und »einen dritten Weg zwischen Bolschewismus und Kapitalismus« einzuschlagen. Sein Kollege Georg Kotowski stellt *Die ungewollte Revolution* in den außenpolitischen Kontext und verweist darauf, dass eine Doppelherrschaft von Räten und Parlament nicht möglich war. Zwar seien die meisten Mitglieder der Räte Demokraten gewesen, »doch es gab linksradikale Räte in beherrschender Position, die ganz offen eine Diktatur der Minderheit anstrebten.« Die übergroße Mehrheit des Volkes habe zwar Reformen und Frieden, aber keine Revolution gewollt.

Der private Videofilm *November – Kiel schreibt Geschichte* (1991, 60') von Klaus Kuhl zeichnet auch mit Hilfe von Zeitzeugen die wechselnden Machtkonstellationen jener Tage in Kiel nach. Mit der Wahl von Arbeiter- und Soldatenräten hätten »zum ersten Mal in der deutschen Geschichte die einfachen Soldaten, die Arbeiter, die kleinen Leute das Sagen« gehabt. Das organisatorische Chaos während der Revolutionstage sowie die politische Unerfahrenheit der Räte hätten es Gustav Noske von den Mehrheitssozialdemokraten ermöglicht, die abgesetzten Offiziere allmählich wieder in ihre frühere Machtstellungen und die Revolution somit um ihre Früchte zu bringen, was in der Konsequenz Hitler den Weg bereitet habe.

1999 bringt auch das ZDF zum ersten Mal eine Einzelsendung zur Novemberrevolution. In der Sendereihe *100 Jahre – Der Countdown* schildert der Einzelbeitrag *1918 – Es lebe die Republik!* (9'22") die Ereignisse in der ZDF-typischen Mischung aus Originalaufnahmen, nachgestellten Szenen, markanten Ausschnitten aus Interviews mit Zeitzeugen, kurzen Kommentarsätzen und einer dramatisierenden Musik: »Der 9. November – nicht Ende, sondern Anfang einer Revolution, die viele Opfer fordern wird. Die erste Republik auf deutschen Boden hatte einen schweren Start.« Ähnlich aufgebaut ist auch das Kurzkapitel *1918: Kaisersturz und Revolution* (3'36") aus der Reihe *Momente der Geschichte 100 Wendepunkte des 20. Jahrhunderts* (2015).

Der Film *Eine deutsche Revolution. Berlin 1918/1919* (ZDF 2008, 44') nimmt widersprüchliche Berichte über den tatsächlichen Ablauf der Revolution zum Anlass, um Auffassungen aus verschiedenen politischen Lagern zu Wort kommen zu lassen. In Spielszenen treten ein Angehöriger der Obersten Heeresleitung, ein revolutionärer Matrose und Georg Ledebour vom linken Flügel der Unabhängigen Sozialdemokratischen Partei Deutschlands auf. In einem Interview von 1968 spricht der Zeitzeuge Franz O. Büchel, damals sozialdemokratischer Arbeiterführer. Auffallend ist die ausgesprochen negative Darstellung der Position des Militärs. Fazit der Sendung: Die sozialdemokratische Regierung habe es geschafft, den preußischen Obrigkeitsstaat abzuschaffen und eine Republik zu gründen, habe es jedoch versäumt, »den deutschnationalen und militaristischen Kern mit zu beseitigen. [...] Die nächsten Putsche gegen die Republik gingen von diesen Leuten aus und die führten am Ende Deutschland und Europa in eine weitere, noch viel größere Katastrophe.«

Auf die als »schicksalhaft« angesehene Häufung historisch bedeutsamer Ereignisse an einem 9. November geht bereits 1958 die Sendung *Schicksalstag des deutschen Volkes* (27') des Bayerischen Rundfunks ein. 1993 interpretiert die Dokumentation *Der 9. November – ein deutsches Datum* (NDR, 60') erneut den 9. November als deutsches Schicksalsdatum. Am 9. November fand 1923 der missglückte Hitler-Putsch in München statt. Am 9. November 1938 inszenierten die Nationalsozialisten die Reichspogromnacht. Am 9. November 1939 mißlang das Sprengstoffattentat von Johann Georg Elser auf Hitler im Bürgerbräukeller. Am 9. November 1967 begannen Studentenproteste in Hamburg und am 9. November 1989 fiel die Berliner Mauer. Mit dem Datum des 9. November hätten die Deutschen, so der Philosoph Peter Sloterdijk in diesem Beitrag, ihre »kollektiven Schwierigkeiten, Staat zu machen«. Den 9. November 1918 charakterisiert er als das »Geburtstrauma« eines republikanischen Deutschland. An diesem Tag hätten die Deutschen nicht das Licht der Welt, sondern die »Finsternis der Welt« erblickt, hätten sie sich doch als Geschlagene in einer ihnen unfreundlich gegenüberstehenden Welt wiedergefunden. Der Beitrag betont zudem das Unerhörte, das der Befehlsverweigerung und dem Aufstand der Matrosen zu Grunde lag: »Die Matrosen in Kiel verstoßen gegen die autoritäre Ordnung. Sie durchbrechen die Tradition. Sie befreien sich. Ein Geburtsakt. Etwas Neues kommt zur Welt.« Leider hätte es am 9. November 1918 nur zu einer halbherzigen Revolution gereicht, beklagt Peter Sloterdijk: »Die Deutschen waren im Nehmen von Freiheiten nie besonders gut.«

»FEUER AUS DEN KESSELN«
NACH ERNST TOLLER

MICHAEL UHL

2018 jähren sich die Wilhelmshavener und Kieler Matrosenaufstände und die Novemberrevolution zum hundertsten Mal. Einer der wenigen dramatischen Texte, die dem Theater als Grundlage zum Thema zur Verfügung stehen, ist Ernst Tollers »Feuer aus den Kesseln«. Ein expressionistisches Stück, das Toller Ende der 1920er Jahre schrieb und erfolgreich aufführte.

TOLLERS ANSATZ

Ernst Toller griff damals auf mehrere dokumentarische Quellen zurück. Zum einen fand mit dem Reichstagsuntersuchungsausschuss 1926 eine breite gesellschaftliche Auseinandersetzung über die Novemberereignisse 1918 statt. Die junge Weimarer Republik musste sich gegen nationalistische Anfeindungen zur Wehr setzen. Die sogenannte »Dolchstoßlegende«, wonach Deutschland nur den Krieg verloren habe, da sozialdemokratische und parlamentarische Kräfte dem unbesiegten Heer in den Rücken gefallen seien, griff die junge Republik an. Die Auseinandersetzung über die Deutungshoheit des zu Ende gegangenen Kaiserreichs war in vollem Gange.

Zudem war Toller selbst persönlich betroffen. 1914 war er noch als Freiwilliger in den Krieg gezogen. Ausgezeichnet mit Tapferkeitsmedaillen und zum Unteroffizier befördert erlebte er durch die Schlacht vor Verdun einen völligen physischen und psychischen Zusammenbruch. Toller wurde zum Pazifisten und trat 1917 in die neugegründete USPD ein, deren bayrischer Vorsitzender er wurde. Zusammen mit anderen Künstlern und Intellektuellen war er einer der Protagonisten der Münchner Räterepublik, die im Mai 1919 von Freikorps blutig niedergeschlagen wurde. Toller entging knapp der Todesstrafe und verbüßte eine mehrjährige Festungshaft, aus der heraus er einige seiner wichtigsten Dramen und Gedichte schrieb.

Man kann also Toller durchaus unterstellen, dass er mitten in den Deutungsschlachten, die die junge Republik aufwühlen und bedrohen, mit »Feuer aus den Kesseln« seinem Publikum die historische Wahrheit der Geschehnisse entgegenhalten möchte. Dabei legt er den Fokus jedoch nicht auf den Matrosenaufstand 1918, sondern auf die Marineunruhen 1917. Vor dem Hintergrund einer wachsenden Friedenssehnsucht in der Bevölkerung und den zunehmenden Spannungen zwischen Offizieren und Mannschaften auf den Großlinienschiffen der Hochseeflotte, schildert Toller die Auslöser der Unruhen und die harte Reaktion der Flottenleitung mit den vollstreckten Todesurteilen gegen Albin Köbis und Max Reichpietsch.

Ernst Toller Anfang der 1920er Jahre
National Library of Israel, Schwadron collection

Ins Zentrum setzt Toller hierbei die Gerechtigkeitsfrage. Die Schiffe der Hochseeflotte sind Mikrokosmen, in denen sich alle sozialen Schichten des Kaiserreiches wiederfinden. Verdichtet auf engstem Raum treten wie unter einem Brennglas die gesellschaftlichen Missstände und Konflikte hervor. So gelingt es Toller, mit den Ereignissen rund um die Marineunruhen 1917 den Funken deutlich zu machen, der im Herbst 1918 zu den Gehorsamsverweigerungen und den Matrosenaufständen führt. Da er dies etwa zehn Jahre nach den historischen Ereignissen tut, kann er davon ausgehen, dass sein Publikum den historischen Kontext von Krieg, Revolution und Republikgründung aus eigener Erfahrung und Erinnerung kennt. Das geht uns hundert Jahre später natürlich völlig anders.

**EIN HEUTIGER ANSATZ –
ZUR NEU-INSZENIERUNG 2018**

Das hundertjährige Jubiläum bietet auch eine Chance, die Zeit der ersten deutschen Republikgründung mit einem frischen Blick zu betrachten, sie nicht nur von ihrem Ende durch den Nationalsozialismus aus zu sehen, sondern von ihrem Beginn: Wie ist es zur ersten deutschen Demokratie gekommen? Was hat das Kaiserreich innerhalb weniger Tage implodieren lassen? Welche menschlichen Entscheidungen und Situationen steckten dahinter? Und in welche Kontexte sind die Ereignisse eingebettet? Inwieweit lässt sich aus all diesen Fragen spannendes Material für eine Vergegenwärtigung mit den Mitteln des Theaters gewinnen? Es sind diese Fragestellungen, die der Inszenierung den Weg weisen und ausgearbeitet als Szenen den historischen Kontext erzählen.

Da ist zum einen das Spannungsfeld zwischen Revolution und Restauration, das ausgehend von den Idealen der Französischen Revolution über die Revolution 1948 den langen Weg Deutschlands zur Republik begleitet. Mit seiner These der »Revolution von oben« befand Freiherr vom Stein: »Die reine Demokratie müssen wir noch dem Jahre 2440 überlassen, wenn sie anders je für den Menschen gemacht ist.« – Wirklich?

Und da ist zum anderen die besondere Position der Kaiserlichen Marine. Mit Ende des 19. Jahrhunderts wurde sie zum politischen und operativen Instrument des Großmachtanspruches. Die Lieblingsstreitkraft des Kaisers als prestigeträchtiger »place-to-be« im preußischen Militärstaat.

Mit dem Aufstieg der Marine geht der Boom Wilhelmshavens einher. Als preußischer Kriegshafen gegründet, wird Wilhelmshaven mit Kasernen und Kaiserlicher Werft zum wichtigsten Stützpunkt der Hochseeflotte und zum Tor in die deutsche koloniale Welt. Der Aufstieg Wilhelmshavens aus dem Schlick und der Glanz der Marine bedeuten zwei beträchtliche Fallhöhen zum Kriegsbeginn 1914. Jahrelang für eine Schlacht gegen England aufgerüstet und ausgebildet folgt auf die Begeisterung bei Kriegsausbruch – nichts.

Diese besonderen Vorbedingungen bilden als historische Zoomfahrt den Prolog. Dieser wird unterstützt durch das Bühnenbild, das aus dem »Schlick« heraus mit Stadtgründung und Flottenbegeisterung unter körperlichem Höchsteinsatz des Ensembles einen Schiffsrumpf aus 48 Tischen entstehen lässt. Tief unten im Schiffsbauch kommen wir damit bei Tollers Protagonisten an. Den Heizern, die unter schwerstem Körpereinsatz die Maschine befeuern, ohne selbst zu wissen, wo die Maschine überhaupt hinsteuert.

Mit der Skagerrakschlacht, mit dem Aufbegehren gegen Offizierswillkür und dem Prozess gegen Köbis, Reichpietsch und anderen Matrosen liefert Toller eindrückliche expressionistische Szenen, die allesamt um die zentrale Gerechtigkeitsfrage kreisen.

Doch um die Matrosenaufstände 1918 zu fassen, ist nach dem Zoom in den Schiffsrumpf und Tollers Szenen nochmal ein weiter gefasster Blickwinkel nötig, um den steigenden Druck und die überschlagenden Ereignisse zu erzählen. Schlaglichter auf das Jahr 1918, das fünfte Kriegsjahr: Hunger. Die 3. Oberste Heeresleitung (OHL) unter Hindenburg und Ludendorff, die die gesamte Volkswirtschaft und Gesellschaft auf den

Krieg ausrichtet. Im Herbst 1918 die plötzliche Forderung der OHL nach Waffenstillstandsverhandlungen. Die Installierung einer parlamentarischen Regierung, um die Voraussetzungen dafür zu schaffen. Die große allgemeine Friedenssehnsucht: »Ist der Krieg nun bald zu Ende?« In diese wichtigste Frage im Oktober 1918 hinein trifft die Flottenleitung heimlich Vorbereitungen zu einer Entscheidungsschlacht gegen England.

Wir zoomen wieder zurück in den Schiffsrumpf. Die Heizer, die kleinsten Rädchen in der Hierarchie eines Schiffes, löschen die Feuer in den Kesseln. Und legen damit die Schiffe lahm. Die Flottenleitung reagiert wie immer, lässt die Rädelsführer gefangen nehmen. Doch die Matrosen haben aus den Unruhen 1917 und dem Schicksal von Reichpietsch und Köbis gelernt. Die Befreiung der inhaftierten Kameraden ist ihr wichtigstes Ziel. Tausende gehen dafür in Kiel auf die Straße und übernehmen die Macht. Die bis dahin herrschenden Strukturen zerbrechen an der Gerechtigkeitsfrage.

Was bringt Menschen in Bewegung? Was bringt Menschen in Massen in Bewegung? Wo liegt der Moment, in dem der einzelne beschließt, gegen etwas »nein« zu sagen? Was bewirken geäußerte Gedanken? Die politische Rede? Im Theater sind wir als Zuschauer selbst eine große Gruppe, eine Versammlung. Das Volk, das direkt mit den Gedanken konfrontiert werden kann. Was bewegt zum Handeln?

Und wie lange braucht es, bis ein Tisch einfach nur ein Tisch sein darf, um den man sich versammelt, um etwas zusammen auszuhandeln? Und wie schnell wird solch ein Tisch als Schreibtisch zum neuerlichen Instrument der Macht?

Es sind eine Vielzahl von Faktoren, Situationen, Entscheidungen, Ereignissen, die das Kaiserreich zusammenbrechen und die Republik gleich zweimal ausrufen lassen. Das Theater kann versuchen, den historischen Akteuren über Zitate und Situationen nahe zu kommen. Es geht um Vergegenwärtigung. Alles, was später in Geschichtsschreibung gegossen wird, waren einmal Momente individueller Entscheidungen. Mit dem Theater können wir versuchen, mit Hilfe der Geschichtsschreibung und der historischen Quellen, den Weg zurück zu den historischen Momenten zu beschreiben. Sie für uns heute erleb- und erfahrbar zu machen.

Während des Ausmarsches der Matrosen im Sommer 1917 werden sie in Rüstersiel von einer bewaffneten Wache aufgegriffen.

Sven Heiß, Julius Ohlemann, Ben Knop, Philipp Buder, Simon Ahlborn
Landesbühne Niedersachsen Nord

Die Heizer vor den Kesseln im Bauch des Großkampfschiffes

Ben Knop, Philipp Buder, Sven Heiß, Julius Ohlemann
Landesbühne Niedersachsen Nord

Gustav Noske übermittelt die Forderungen der Kieler Matrosen per Telefon nach Berlin.

Ben Knop, Simon Ahlborn, Sven Heiß, Julius Ohlemann, Jördis Wölk, Philipp Buder
Landesbühne Niedersachsen Nord

12 AKTEURE

KURZBIOGRAPHIEN DER 12 AKTEURE

STEPHAN HUCK
DANIEL HIRSCHMANN

»Arbeiter, demonstriert in Massen! Lasst die Soldaten nicht im Stich!« – mit diesem Aufruf mobilisierte der Kieler Arbeiterführer und USPD-Politiker Lothar Popp die Arbeiter der Fördestadt und setzte einen entscheidenden Impuls für die Transformation militärischen Ungehorsams zu gesellschaftlichem Umbruch. Sein Aufruf führt prägnant vor Augen, dass die Bewegung ihre Dynamik nicht in erster Linie exponierten Einzelpersonen, sondern vielmehr der Unterstützung einer breiten gesellschaftlichen Basis verdankte. Die Erinnerung an 1918/19 hat entsprechend keine »Revolutionshelden« hervorgebracht, wie sie uns für Frankreich mit Maximilien de Robespierre oder für Russland mit Wladimir Iljitsch Lenin in den Sinn kommen.

Gleichwohl sind auch die Ereignisse der Revolution 1918/19 stets auch das Resultat des Handelns einzelner. Ohne die Entscheidung der Seekriegsleitung, um der Ehre Willen an der Reichsregierung vorbei noch einmal einen Flottenvorstoß zu planen, hätte es vielleicht gar keine Revolution gegeben. Ebenso sehr bedurfte es des einen Matrosen, der als erstes seine Stimme gegen diesen Plan erhob – selbst wenn wir seinen Namen im Gegensatz zu dem der Admirale nicht kennen. Die Ereignisse in Berlin und Kiel hingen ebenso an den handelnden Politikern, für die in der Ausstellung stellvertretend Gustav Noske vertreten ist, wie auch die Gegenrevolution ihre Protagonisten wie den Freikorpsführer Hermann Ehrhardt kennt.

Die Ausstellung »Die See revolutioniert das Land« entwickelt zentrale Leitlinien der Revolution 1918/19 anhand von zwölf Akteurinnen und Akteuren. Sie alle sind der Marine und damit dem Generalthema des Deutschen Marinemuseums in der einen oder anderen Form, und sei es nur als Chronist oder Chronistin, verbunden. Zudem repräsentieren sie unterschiedliche gesellschaftliche Gruppierungen und politische Überzeugungen und handelten an verschiedenen revolutionären Zentren: zuvorderst in den beiden Marinestädten Wilhelmshaven und Kiel, aber auch in der Reichshauptstadt Berlin und in München. Die Beschäftigung mit ihnen liefert sicherlich keine vollständige Revolutionschronik, sie ermöglicht es aber, in Schlaglichtern das vielschichtige Wesen der Revolution herauszuarbeiten.

01

CARL RICHARD LINKE
DER REVOLUTIONÄRE MATROSE

1889–1962

Carl Richard Linke kommt am 20. November 1889 in Forst (Lausitz) in kleinbäuerlichen Verhältnissen zur Welt. Wenige Jahre später gründet sein Vater eine Fahrradhandlung. Der Beruf des Vaters wird zur Leidenschaft des Sohnes: Carl Richard Linke tritt einem Radsportverein bei und absolviert eine Schlosserausbildung.

Zum Ende seiner 1911 auf SMS »Helgoland« begonnenen Wehrpflicht plant er, in Valbert eine Stelle als Werksleiter in einer Fahrradfabrik anzutreten. Der beginnende Erste Weltkrieg macht diese Pläne zunichte. Detailliert notiert er seine Kriegserlebnisse. Von Beginn an prägt eine große Skepsis seine Darstellung. Die Erinnerungen an die Welt außerhalb des Militärs spielen durchgehend eine wichtige Rolle, vor allem von seinen Radsportkameraden ist in den vier Jahren immer wieder die Rede. Mit seiner Verlobten Anna Reuter korrespondiert er regelmäßig.

1917 wird Linke im Zuge der Marineunruhen zu Unrecht wegen vermeintlicher politischer Betätigung verhaftet und zu sechs Jahren Zuchthaus verurteilt. In den ersten Tagen der Novemberrevolution kommt er frei.

Nach dem Krieg zieht er zurück nach Forst und heiratet Anna Reuter. Aus der Ehe geht eine Tochter hervor, doch hat die Ehe keinen Bestand. 1941 vermählt sich Linke neu. Über seine berufliche Tätigkeit nach dem Krieg ist nichts bekannt. Linke verstirbt am 8. Januar 1962 in seinem Geburtsort Forst.

1917 – DER VERMEINTLICHE REVOLUTIONÄR

1917 ist die Stimmung in der Hochseeflotte schlecht. Die Besatzungen sind zermürbt von der Untätigkeit und dem eintönigen Dienst. Von Jahr zu Jahr wurde die Verpflegung schlechter. Die Privilegien der Seeoffiziere und ihr übersteigertes Standesbewusstsein empören die Mannschaften.

Im Sommer kommt es zu Unruhen. Gegen die Anführer werden harte Strafen verhängt. Die Marineführung sieht es trotz juristischer Bedenken als erwiesen an, dass die Verurteilten einen von der USPD gesteuerten Umsturz planten. Sie sollen hierzu Verpflegungskommissionen als Tarnorganisationen benutzt haben.

Beeinflusst wird diese Auffassung vom Eindruck der russischen Revolution des Jahres 1917, der Par-

Carl Richard Linke zwischen 1911 und 1916
WGAZ

Der Widerstand gegen den Flottenvorstoss ist zu einer hochpolitischen Bewegung herangewachsen

– Carl Richard Linke, 9. November 1918

teispaltung der SPD und der Friedensresolution des Reichstages.

Auch Linke wird am 8. August 1917 verhaftet. Im Prozess wird ihm »versuchte Kriegsverräterische Aufstandserregung« vorgeworfen. Ein Beweis kann nicht erbracht werden, Linke selbst bestreitet die Vorwürfe. Dennoch wird er zu einer Zuchthausstrafe verurteilt.

Die Verurteilungen rufen starke Empörung unter den Besatzungen hervor und vertiefen die Kluft zwischen den Seeoffizieren und den Mannschaften.

1918 – DER TATSÄCHLICHE REVOLUTIONÄR

Am 29. Oktober 1918 vereiteln Meutereien vor Wilhelmshaven einen Flottenvorstoß gegen Großbritannien. Auch auf der »Helgoland« kommt es zu Gehorsamsverweigerungen. Das III. Geschwader wird nach Kiel verlegt, wo 47 Meuterer inhaftiert werden. Dagegen protestieren die Matrosen. Aus dem Protest entwickelt sich die Revolution. Zu ihren ersten Forderungen zählt die Befreiung der Gefangenen.

Sie wird am 6. November erfüllt. Auch der 1917 inhaftierte Linke wird befreit. Er macht sich auf den Weg, zu seinen »Helgoland«-Kameraden. Bereits in Bremen trifft er auf Teile der Besatzung. Die Meuterer der »Helgoland« hatten von Wilhelmshaven nach Munsterlager transportiert werden sollen und waren über den Beginn der Revolution dort gestrandet.

Linke spürt in sich die Verpflichtung, zu seinen Kameraden zu sprechen. Er, der im Vorjahr jegliche politische Absichten von sich gewiesen hat, wird so selbst zum Revolutionär.

Die Matrosen der »Helgoland« spielen eine zentrale Rolle zu Beginn der Revolution in Bremen, die im Januar 1919 in der Gründung der Bremer Räterepublik gipfelt.

Bei dem Holzmodell des Großlinienschiffs SMS »Helgoland« handelt es sich vermutlich um eine Bordarbeit, welche auf den 18. August 1913 datiert ist.
DMM 2014-02-001
Foto: Deutsches Marinemuseum

02

FRANZ RITTER VON HIPPER
DER FLOTTENCHEF

1863–1932

Franz Hipper stammt aus Oberbayern. Er ist der dritte von vier Söhnen eines Gemischtwarenhändlers, der 1867 verstirbt. Nach Abschluss des Realgymnasiums tritt Hipper 1881 auf eigenen Wunsch in die Marine ein. Seine Karriere führt ihn 1913 an die Spitze der Aufklärungskräfte der Hochseeflotte.

Wie die gesamte Hochseeflotte kommen auch die Aufklärungskräfte nur selten zum Einsatz. Dennoch zehrt der Krieg an Hippers Gesundheit. Immer wieder lässt er sich für längere Zeiträume beurlauben.

Bei den seltenen Einsätzen der Hochseeflotte sind die Aufklärungskräfte in der Regel dabei. Vor allem in der Skagerrakschlacht 1916 tragen sie die Hauptlast der Gefechte und bewähren sich unter Hippers Führung. Vom bayerischen König wird er geadelt.

Am 11. August 1918 wird er Befehlshaber der Hochseeflotte. Ende Oktober 1918 erhält er den Auftrag, einen Flottenvorstoß gegen die Royal Navy durchzuführen. Dieser löst am 29. Oktober die Meutereien der Matrosen aus. Hipper entscheidet auf Wunsch des Geschwaderkommandeurs, das von den Unruhen besonders betroffene III. Geschwader in seinen Heimathafen Kiel zu verlegen. Diese Entscheidung legt ungewollt die Grundlage für die dort stattfindende Ausweitung der Unruhen zur Revolution.

Ende November 1918 nimmt Hipper seinen Abschied. Seinen Lebensabend verbringt der Junggeselle zurückgezogen bei Hamburg.

NOCH EINMAL GEGEN ENGLAND

Am 29. September 1918 fordert die 3. Oberste Heeresleitung aus bis heute umstrittenen Motiven überraschend die Aufnahme von Waffenstillstandsverhandlungen und die Parlamentarisierung der Politik.

Als Voraussetzung für die Verhandlungen muss die erst kurz zuvor gebildete Seekriegsleitung unter dem Kommando von Admiral Reinhard Scheer den uneingeschränkten U-Bootkrieg einstellen.

Gegenüber dem neuen Reichskanzler Prinz Max von Baden erklärt er die Loyalität der Marine. Zugleich äußert er, dass die Hochseeflotte nun frei für andere Aufgaben sei, ohne diese näher zu erläutern. Sie wird bereits am 30. September vor Wilhelmshaven zusammen gezogen. Hipper erhält am 22. Oktober den Befehl, einen Angriff auf die Royal Navy vorzuberei-

Admiral Franz Ritter von Hipper
DMM 1995-028-001

Der Flotte steht ein solcher Schlusskampf als höchstes Ziel vor Augen, um nicht diesen Krieg beschließen zu müssen, ohne dass die in ihr steckenden nationalen Kräfte voll zu schlagender Wirkung gekommen sind.

– Tagebuch Hipper, 7.10.1918

ten. Hierzu werden bestehende Planungen überarbeitet und am 27. Oktober als Operationsplan Nr. 19 von Scheer genehmigt.

Obwohl die beteiligten Admirale die Erfolgsaussichten der Operation skeptisch beurteilen, befürworten sie den Plan. Sie wollen damit die Existenzberechtigung der Flotte auch über das Kriegsende hinaus begründen. Dazu soll sie ihre Leistungsfähigkeit und ihren Kampfeswillen unter Beweis stellen. Durch die Meuterei der Mannschaften auf den Großkampfschiffen wird das Unternehmen am 29. Oktober vereitelt. Sie argwöhnen eine Todesfahrt und eine Behinderung der Waffenstillstandsaussichten.

ADMIRALSREBELLION ODER MILITÄRISCHE NOTWENDIGKEIT

Bereits in der Weimarer Republik wird über die Motive des von der Seekriegsleitung geplanten Flottenvorstoßes und seine Notwendigkeit kontrovers gestritten. 1926 befasst sich ein Untersuchungsausschuss des Reichstages mit den Vorgängen. In diesem prägt der USPD-Abgeordnete Wilhelm Dittmann, der bereits 1917 von den kriegsmüden Matrosen um Unterstützung gebeten worden war, den Begriff der »Admiralsrebellion«. Die darin geäußerte Behauptung, die Admirale hätten willentlich die Waffenstillstandsverhandlungen torpediert, lässt sich aus den Quellen nicht erhärten. Allerdings ist es richtig, dass sie ihre Pläne auch nicht mit der Reichsregierung abstimmten und sich sogar über einen noch im Frühjahr 1918 geäußerten Befehl des Kaisers zur Zurückhaltung der Flotte hinwegsetzten. Insofern enthält die zugespitzte Formulierung der »Admiralsrebellion« den wahren Kern, dass die in die Planungen involvierten Admirale keine Rücksicht auf die Belange der Politik nahmen. Vielmehr stellten sie die in ihren Augen gefährdete Existenzberechtigung der Flotte über alles andere. Für sie waren sie sogar bereit, deren Untergang in Kauf zu nehmen.

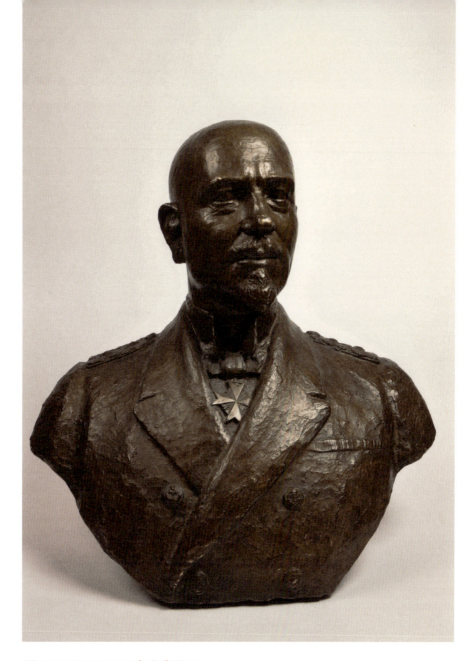

Büste aus Bronze von Admiral Hipper
von Bildhauer Olaf Lemke
Leihgabe des WGAZ
Foto: Deutsches Marinemuseum

LOTHAR POPP
DER ARBEITERFÜHRER

1887–1980

Lothar Popp wird 1887 in Furth am Wald in Bayern geboren. Nach einer Lehre zum Handlungsgehilfen in Augsburg zieht es ihn nach Hamburg, wo er sich ab 1904 als Arbeiter und Kleinhändler seinen Lebensunterhalt verdient. 1912 tritt er in die SPD ein, zieht bei Ausbruch des Ersten Weltkrieges nach Kiel und wird 1915 zum Militärdienst eingezogen. Anfang 1917 wird er aufgrund einer Dienstuntauglichkeit entlassen und als Arbeiter auf der Germaniawerft in Kiel als Schlosser dienstverpflichtet.

Im Zuge der Januarstreiks 1918 in Kiel organisiert Popp den ersten Arbeiterrat Deutschlands und wird dessen Vorsitzender. Zusammen mit dem Matrosen Karl Artelt ist er einer der Anführer des Kieler Matrosenaufstands im November des gleichen Jahres. Er ist Vorsitzender der Kieler USPD und wird Vorsitzender des Soldatenrates. Gegen den von Gouverneur Vizeadmiral Wilhelm Souchon herbeigerufenen Berufspolitiker Gustav Noske kann er sich jedoch nicht durchsetzen. Anfang 1919 geht er zurück nach Hamburg. Dort tritt er drei Jahre später wieder der SPD bei. Mit der Machtergreifung der Nationalsozialisten wandert er zunächst nach Prag, dann nach Marseille und 1941 in die USA aus. Nach dem Ende des Zweiten Weltkrieges kommt er zurück nach Hamburg, wo er 1980 stirbt.

DIE ANFÄNGE DER REVOLUTION IN KIEL

Wie Wilhelmshaven ist auch Kiel im Kaiserreich Reichskriegshafen. Neben dem Militär gibt es dort aber auch ein selbstbewusstes Bürgertum und eine starke, organisierte Arbeiterschaft. Bereits im Oktober 1916 und im Januar 1917 kommt es zu Hungerkrawallen und Streiks.

Das Eintreffen des III. Geschwaders in Kiel markiert den Beginn der Revolution. Nachdem auf SMS »Markgraf« im Nachgang zu den Unruhen vom 29. Oktober Verhaftungen vorgenommen werden sollen, eskaliert die Situation am 3. November. Mehr als 5000 Menschen versammeln sich auf dem Exerzierplatz. Sie brechen auf, um die Inhaftierten zu befreien. Es kommt zu einem Schusswechsel, 9 Menschen sterben. Am 4. November bewaffnen sich die Aufständischen. In Kiel gibt es keine kaisertreuen Truppen mehr. Der Gouverneur sucht das Gespräch

Lothar Popp
Staatsarchiv Hamburg

Arbeiter, demonstriert in Massen. Lasst die Soldaten nicht im Stich!

– Lothar Popp, Aufruf vom 2. November 1918

mit den Aufständischen, die ihre Forderungen artikulieren: darunter Abdankung der Hohenzollern, Freilassung der politischen Gefangenen und Einführung eines allgemeinen, gleichen und geheimen Wahlrechts. Am 4. November vormittags verhandelt der Gouverneur erstmals mit dem Soldatenrat und sagt unter anderem die Freilassung der inhaftierten Meuterer zu. Gemeinsam mit dem inzwischen eingetroffenen Berliner Abgeordneten Gustav Noske geht er weitgehend auf die Forderungen ein. Sie werden am 5. November als sogenannte Kieler 14 Punkte gebündelt veröffentlicht. Der Versuch, ihre Verbreitung durch eine Abriegelung des Stadtgebiets auf Kiel zu beschränken, misslingt. Die Revolution tritt in eine neue Phase: sichtbar an den roten Fahnen, die von diesem Tag an auf den Schiffen im Hafen wehen.

DIE BEDEUTUNG DER ARBEITERSCHAFT IN KIEL

Der Krieg trifft die Arbeiterschaft hart. Die Löhne sinken, viele Männer werden zum Kriegsdienst eingezogen und fallen als Ernährer aus. Die Frauen müssen oftmals sowohl für das Familienwohl wie für den Unterhalt sorgen und Tätigkeiten in der Kriegswirtschaft für Löhne annehmen, die weit unterhalb des männlichen Lohnniveaus liegen.

1918 leben in Kiel über 100.000 Arbeiter. Weit mehr als Soldaten. Die Matrosen suchen gleich zu Beginn der Unruhen die Unterstützung der Arbeiterschaft. Im Gewerkschaftshaus beraten sie am 1. November über ein gemeinsames Vorgehen. Des Platzes verwiesen, tagen sie am 2. November auf dem Exerzierplatz. Der der USPD angehörende Matrose Karl Artelt fordert unter anderem Friedensgespräche und ein Ende des Klassensystems, notfalls mit Gewalt. Am selben Abend sucht er den Kontakt zu den Werftarbeitern um Lothar Popp. Sie verfassen einen gemeinsamen Protestaufruf. Noch am 3. November erklären sich die Arbeiter solidarisch mit den Soldaten. Am 4. November treten sie auf den Werften in Streik. Der Militärstreik wird durch diesen Solidaritätsakt zum Volksaufstand auf breiter Basis. Von da an finden keine Verhandlungen mehr ohne die Arbeitervertreter statt. Am 5. November bilden sie unter Führung Gustav Garbes einen Arbeiterrat, der sich die zivile Stadtverwaltung unterstellt.

Typische Werkzeuge eines Schlossers in einer Schiffsbauwerft, wie auch Lothar Popp sie vermutlich als Schlosser in der Germaniawerft in Kiel benutzt hat
Leihgaben der Historischen Museen Hamburg – Hafenmuseum Hamburg
Foto: Deutsches Marinemuseum

BERNHARD KUHNT
DER SOLDATENRATSVORSITZENDE

1876–1946

Bernhard Kuhnt wird 1876 in Leipzig geboren. Der gelernte Maschinenschlosser dient von 1897 bis 1899 in der Kaiserlichen Marine. Nach seiner Militärzeit arbeitet er als Werftarbeiter. Von 1906 bis 1917 sammelt er als Verbandsbeamter und als Parteisekretär der SPD in Chemnitz politische Erfahrung. Im Ersten Weltkrieg wird er erneut zur Marine eingezogen. 1917 schließt er sich der USPD an. Während der Revolution in Wilhelmshaven wird Kuhnt zum Vorsitzenden des 21er Rates gewählt, dem Exekutivorgan der Revolutionäre.

Im Januar 1919 kommt es in Wilhelmshaven zu einem gewaltsamen Putsch der Kommunisten. Kuhnt wird vorgeworfen, diesen nicht verhindert zu haben. Er wird nach Berlin zitiert und am 28. Februar in Oldenburg festgenommen sowie seiner Ämter enthoben. Bald nach seiner Befreiung aus einem Berliner Gefängnis kehrt er im März 1919 in seine Heimat Sachsen zurück. Als SPD-Abgeordneter des Wahlbezirks Chemnitz gehört er von 1924 bis 1933 dem Reichstag an. Nach politischer Verfolgung durch das NS-Regime stirbt er 1946 in der Nähe von Kiel.

Oberheizer Bernhard Kuhnt
DMM 2004-073-003

DIE REVOLUTION IN WILHELMSHAVEN

Am 5. November erreichen Nachrichten von der Revolution Wilhelmshaven. Am nächsten Morgen formieren sich tausende Matrosen zu mehreren Demonstrationszügen. Am Mittag vereinigen sich diese vor dem Stationsgebäude. Dieses ist Sitz des Chefs der Marinestation und Gouverneurs der Festungsstadt. Unter dem Druck der Revolutionäre empfängt dieser eine Abordnung. Die Matrosen tragen Forderungen vor, die an die Kieler 14 Punkte angelehnt sind. An erster Stelle steht die Freilassung der verhafteten Meuterer. Weitere Forderungen betreffen den Dienstalltag.

Am Abend des 6. November ist Wilhelmshaven in der Hand der Revolutionäre. Vertreter des Arbeiter- und des Soldatenrates bilden den 21er Rat, das Exekutivorgan der Revolutionsbewegung. Am Folgetag besetzen Matrosen Schlüsseleinrichtungen. Der 21er Rat entmachtet die Regierungs- und Marinebehörden.

Am 10. November wird durch Bernhard Kuhnt die Sozialistische Republik Oldenburg-Ostfriesland ausgerufen. Der 21er Rat macht damit Machtansprüche über die Grenzen des Festungsbereichs Wilhelmshaven hinaus geltend, kann diese jedoch nicht dauerhaft etablieren.

Wir haben die Macht. Alles – ob Munition, ob Nachrichtendienst, ob Behörden – alles haben wir an uns gerissen.

– Kuhnt am 10. November 1918 auf dem Grodenschulplatz

Vor der Wahl zur Nationalversammlung radikalisieren sich die linken Kräfte im 21er Rat. Am 27. Januar kommt es zu einem kommunistischen Putsch. Die gewaltsame Niederschlagung des Aufruhrs fordert Todesopfer. Dem 21er Rat wird vorgeworfen, den absehbaren Putsch nicht verhindert zu haben. Er verliert seinen Einfluss und wird am 21. Februar 1919 aufgelöst. Wilhelmshaven steht nun wieder unter der Kontrolle der Reichsregierung.

DIE ROLLE DER SOLDATENRÄTE IN DER REVOLUTION

In fast allen Orten geht der Beginn der Revolution 1918/19 von Soldaten aus, greift jedoch rasch auf die Arbeiterschaft über. Zum Charakteristikum der Revolution wird die Entstehung von Räten als Vertretungskörperschaften einzelner gesellschaftlicher Gruppen, vornehmlich von Soldatenräten und Arbeiterräten. Im Verlauf der Konsolidierung der Revolution fusionieren diese miteinander und übertragen gestützt auf die Massen die Regierungsgewalt von Militär- und Verwaltungsbehörden auf sich.

Die Soldatenräte unterscheiden sich von Stadt zu Stadt. Sie entstehen nicht nach einem festgelegten Prinzip, sondern spontan und improvisiert. Viele der Soldatenräte werden nicht gewählt, sondern durch die Selbstproklamation von politisch aktiven Soldaten besetzt.

Zu Beginn der Revolution stehen für die Soldaten die Einstellung des Krieges und die Verbesserung ihrer Dienstsituation im Vordergrund. Erst im weiteren Verlauf treten ortsspezifische politische Zielsetzungen hinzu. Aber allerorts setzten sich die Soldatenräte für Ordnung und Gewaltfreiheit ein. Verstärkt durch die Demobilisierung nach Kriegsende tritt der Einfluss der Soldaten hinter dem der Arbeiter zurück, die auf etablierte Partei- und Gewerkschaftsstrukturen zurückgreifen können.

Nach der Wahl zur Nationalversammlung schwindet die Machtbasis der Arbeiter- und Soldatenräte. Im Herbst des Jahres 1919 werden die letzten aufgelöst.

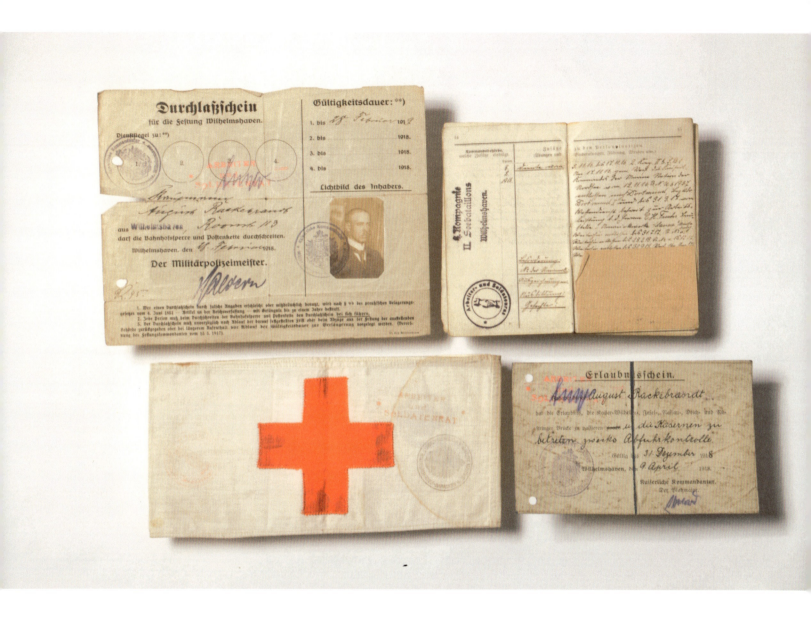

Der Arbeiter- und Soldatenrat übernimmt
alle administrativen Aufgaben von den
Regierungs- und Militärbehörden.
DMM 2008-106-010, DMM 2010-043-001,
DMM 2016-129-001, DMM 2008-206-014
Foto: Deutsches Marinemuseum

05

PRINZ HEINRICH VON PREUSSEN
DER FLÜCHTENDE KAISERBRUDER

1862–1929

Prinz Heinrich von Preußen ist ein Bruder des letzten deutschen Kaisers Wilhelm II. Die Ausbildung der Prinzen erfolgt zunächst gemeinsam, doch liegt das Augenmerk der Eltern und Erzieher auf dem Thronfolger. Heinrichs Verhältnis zu seiner Mutter, einer liberal gesinnten Tochter der englischen Queen Victoria, ist ähnlich konfliktbeladen wie das seines Bruders.

Bereits mit 15 Jahren beginnt Heinrich eine Ausbildung zum Seeoffizier und wird diesen Beruf mit Unterbrechungen bis zum Beginn des Jahres 1918 aktiv ausüben. Als Oberbefehlshaber der Ostseestreitkräfte ist er im Krieg vorrangig für die Seekriegführung gegen Russland zuständig, die mit dem Frieden von Brest-Litowsk gegenstandslos wird.

Heinrich akzeptiert zeitlebens die Führungsrolle seines gekrönten älteren Bruders und hält sich aus politischen Fragen weitgehend heraus. Er gilt als guter Seeoffizier mit begrenztem strategischem Blick, technikbegeistert und volksnah. Gleichwohl flieht er in den ersten Novembertagen inkognito aus dem revolutionären Kiel. Anders als sein Bruder, der sich am 10. November ins Exil begibt, verbringt er seinen Lebensabend auf seinem Gut Hemmelmark bei Eckernförde.

FLUCHT AUS KIEL

Mit dem Beginn der Revolution fürchtet Heinrich um seine eigene Sicherheit und die seiner Familie. Mit dem Automobil flieht er auf sein Landgut Hemmelmark. Einer verbreiteten, aber unbelegten Legende nach soll er sich dabei als Revolutionär getarnt haben. Während der Flucht kommt es an der Levensauer Hochbrücke zu einem Schusswechsel, bei dem ein Matrose getötet und Prinzessin Irène durch einen Streifschuss verletzt wird.

Auf das Kieler Schloss wird Heinrich nicht wieder zurückkehren. Um seine Sicherheit aber muss der einstige Hochadelige nicht lange bangen: er bleibt für viele Schleswig-Holsteiner bis zu seinem Tod auf Hemmelmark im Jahr 1929 eine positive Integrationsfigur. Diese Popularität eint ihn mit vielen deutschen Territorialfürsten: Sie verlieren zwar im November 1918 ihre Herrschaft und ihren Stand, Enteignungen aber finden nicht statt.

Prinz Albert Wilhelm Heinrich von Preußen
DMM 2018-103-001

Ablösung der Schlosswache, Besetzung durch Leute, die mit roten Abzeichen im Knopfloch; ...besinnen sich nicht auf Fahneneid. Entlasse Alle.

– Tagebucheintrag vom 4. November 1918

An materiellem Wohlstand mangelte es auch Heinrichs Bruder Wilhelm in seinem holländischen Exil nicht. Seine Rolle ist allerdings schon unter Zeitgenossen weitaus umstrittener als die vieler anderer Adeliger. Vor allem Frankreich möchte Wilhelm als Kriegsverbrecher den Prozess machen. Die Niederlande jedoch lehnen seine Auslieferung ab. Er stirbt 1941 im Exil.

ENDE DER MONARCHIEN

Bereits vor dem Ersten Weltkrieg deuten sich vielfältige gesellschaftliche Umbruchsprozesse und Nationalitätenkonflikte in Europa an. Beispielsweise wird Russland nach einem verlorenen Krieg gegen Japan 1905 von einer Revolution erschüttert. Damals gelingt es dem Zaren jedoch, die Unruhen durch Reformzugeständnisse einzudämmen.

Mit fortschreitender Dauer wirkt der Erste Weltkrieg als Beschleuniger der Unzufriedenheit. Vor allem dort, wo die Misserfolge immer sichtbarer werden. 1917 stürzt die Februarrevolution den russischen Zaren. Im Juli wird er mit seiner Familie ermordet.

Im November 1918 müssen der deutsche Kaiser und mit ihm sämtliche Territorialfürsten abdanken. Anders als in Russland aber kommt es nicht zu Übergriffen auf Leib und Leben der ehemaligen Fürsten. Auch in Österreich-Ungarn muss der Kaiser seinen Thron räumen. Auch der Sturz des türkischen Sultans im Jahr 1922 kann als Folge der Niederlage des osmanischen Reiches begriffen werden.

Das Jackett mit dem Einstecktuch des Linienschiffes »Hessen« stammt aus dem Besitz von Prinz Heinrich nachdem er 1909 zum Großadmiral befördert wurde.
Leihgabe des WGAZ, (01593-CAEC1955)
Foto: Deutsches Marinemuseum

GUSTAV NOSKE
DER BERUFSPOLITIKER
1868–1946

Gustav Noske wird 1868 geboren. Noch während seiner Lehre tritt er 1884 der SPD bei.

1906 wird er in den Reichstag gewählt und macht sich einen Namen in Militär-, Marine- und Kolonialfragen. Während des Krieges unterstützt er die Politik der Mehrheits-SPD-Fraktion.

Nach Ausbruch der Revolutionsunruhen wird er am 4. November nach Kiel geschickt. Es gelingt ihm, das Vertrauen von Revolutionären und Militärs zu erringen.

Nachdem im Dezember die Vertreter der USPD aus der Reichsregierung ausscheiden, wird Noske in den Rat der Volksbeauftragten berufen. Dort ist er zuständig für militärische Fragen. Er lässt Freikorps den von linken Kräften ausgehenden Januaraufstand gewaltsam niederschlagen. In den Märzunruhen erteilt er einen folgenreichen Schießbefehl.

Als Reichswehrminister beginnt er 1919 mit der Aufstellung einer vorläufigen Reichswehr. Nach dem Kapp-Putsch muss Noske zurücktreten, da dieser die Republikferne des Militärs offenbart hat. Bis 1933 ist er als Oberpräsident der Provinz Hannover tätig.

Gustav Noske
DMM 2018-014-001

Nach dem gescheiterten Attentat auf Adolf Hitler vom 20. Juli 1944 wird er verhaftet und bleibt bis Kriegsende inhaftiert. Noske stirbt 1946 in Hannover.

NOSKE UND DIE REVOLUTION IN KIEL

Am 3. November 1918 bittet der Kieler Gouverneur, Admiral Wilhelm Souchon, die Reichsregierung in Berlin um Entsendung eines SPD Abgeordneten zur Vermittlung in den beginnenden Unruhen. Die Aufgabe wird Gustav Noske übertragen, den der DVP-Abgeordnete Conrad Haußmann begleitet. Vor allem Noske wird von den Aufständischen in Kiel als einer der ihren jubelnd begrüßt. Es gelingt ihm, den Vorsitz des Soldatenrates zu übernehmen und die Mitglieder zu bestimmen.

Noske übermittelt die Forderungen der Revolutionäre am 6. November nach Berlin, ohne jedoch ausdrücklich zu diesen Stellung zu beziehen. Allerdings gibt er seinem Bericht die Einschätzung mit, dass die Abdankung des Kaisers unabdingbar sei.

Am 7. November wird Noske mit Billigung Souchons Gouverneur von Kiel. Zwar muss der Soldatenrat, dessen Vorsitz Lothar Popp übernimmt, all seinen Befehlen zustimmen, tatsächlich aber hält Noske die Zügel fest

Einer muss der Bluthund werden, ich scheue die Verantwortung nicht!

– Gustav Noske, 1920

in der Hand. So gelingt es ihm, den Kieler Arbeiterrat am 7. November von der Ausrufung der Republik abzuhalten.

In den Folgemonaten gewinnt Noske das Vertrauen des Militärs in Kiel. Da ein Großteil der Matrosen demobilisiert wird, wächst der Einfluss von Deckoffizieren und Unteroffizieren – den mittleren Führungsschichten. Sie stellen sich als so genannte »Eiserne Brigade« fest hinter Noske. Aus ihr formiert sich im Dezember 1918 die I. Marinebrigade.

Dieser überträgt Noske nach der Rückkehr nach Berlin während des Weihnachtsaufstandes den Schutz der Regierung. Der Kieler Soldatenrat ist an dieser Entscheidung nicht beteiligt.

NOSKE UND DIE UNRUHEN IM REICH

Weihnachten 1918 kommt es in Berlin zu einem bewaffneten Aufstand der Volksmarinedivision. Die Einheit war ursprünglich vom Rat der Volksbeauftragten für Schutzaufgaben eingesetzt worden. Als sie ihre Quartiere im Marstall und Stadtschloss räumen sollen und Diebstahlsvorwürfe gegen die revolutionären Matrosen laut werden, kommt es zum Kampf mit den von Noske herbeigerufenen Truppen.

Die provisorische Regierung aus SPD und USPD zerbricht an der Frage über den Umgang mit der Volksmarinedivision. Noske rückt in den Rat der Volksbeauftragten nach. Er besteht nunmehr ausschließlich aus SPD-Politikern.

Um den Jahreswechsel 1918/19 herrschen im Reich teils bürgerkriegsartige Zustände. Noske sieht seine vordringliche Aufgabe darin, Ordnung zu schaffen und regiert mit eiserner Faust. Er unterstützt die Aufstellung von Freikorps und setzt diese gegen die Spartakisten ein. Die Notwendigkeit der demokratischen Kontrolle des Militärs erkennt er hingegen nicht. Besonders umstritten ist sein Schießbefehl vom 9. März 1919. Insgesamt fordert der Kampf zwischen Regierungstruppen und Spartakisten im ersten Halbjahr 1919 mehr als 3000 Menschenleben.

Nach Inkrafttreten des Versailler Vertrages im Januar 1920 muss Noske die Auflösung der Freikorps Ehrhardt und Loewenfeld anordnen. Sie widersetzen sich und beteiligen sich am Kapp-Lüttwitz-Putsch. Er scheitert durch einen Generalstreik, während sich die regulären Truppen abwartend verhalten. Insgesamt offenbart sich im Putsch eine Republikferne des Militärs, aufgrund der Noske als verantwortlicher Minister zurücktreten muss.

Ausweis der II. Marinebrigade Ehrhardt von
Ernst Salomon (nicht identisch mit dem
Schriftsteller) mit der Unterschrift
des Oberbefehlshabers Gustav Noske
DMM 2007-135-002
Foto: Deutsches Marinemuseum

07

JOHANN GEORG SIEHL-FREYSTETT
DER BÜRGERLICHE MALER

1868–1919

Johann Georg Siehl wird am 16. Februar 1868 im badischen Freistett geboren. Entgegen ursprünglicher Planungen des früh verstorbenen Vaters, der seinen Sohn als Landwirt sieht, gibt ihn seine Mutter in eine Malerlehre und kommt damit künstlerischen Neigungen ihres Sohnes im Rahmen ihrer ländlichen Möglichkeiten entgegen. 1888 beginnt Siehl seinen Wehrdienst bei der Marine in Wilhelmshaven. Zwar erkennen bereits seine Vorgesetzten sein künstlerisches Talent, doch bleibt ihm trotz ihrer Vermittlung ein Ausbildungsplatz an der Karlsruher Kunstakademie verwehrt. Nach Beendigung des Wehrdienstes eröffnet er in Wilhelmshaven ein Fotoatelier, das er bis 1906 betreibt. Danach lebt er ausschließlich von der Malerei und nennt sich fortan Siehl-Freystett. Sein Augenmerk liegt auf Landschafts- und Marinedarstellungen. 1912 ist er Gründungsmitglied des »Wilhelmshavener Vereins der Kunstfreunde«. Der Umzug ins Villenviertel belegt seinen sozialen Aufstieg und die Akzeptanz seiner Kunst im Bürgertum und bei Offizieren. Mit Kriegsbeginn wird er als Marinemaler eingezogen, was sich jedoch kaum in seinem nachgelassenen Werk spiegelt. Im Februar 1919 ist er an der Aufstellung einer Bürgerwehr beteiligt. Inwiefern er, wie mancherorts behauptet, zuvor an der Niederschlagung des sogenannten Spartakusaufstandes beteiligt ist, ist offen. Siehl-Freystett stirbt am 15. August 1919 an den Folgen eines Schlaganfalls.

JANUARAUFSTAND IN WILHELMSHAVEN

Im Nachgang zu den Weihnachtskämpfen zwischen den Regierungstruppen mit den von der Regierung herbeigerufenen Freikorps und der Volksmarinedivision wird am 4. Januar 1919 der Berliner Polizeipräsident entlassen. Dies veranlasst die Befürworter des Rätesystems, die im vorangegangenen Reichsrätekongress eine deutliche Niederlage erlitten haben, gewaltsam das Berliner Zeitungsviertel zu besetzen. Sie wollen so im Vorfeld der für den 19. Januar geplanten Nationalversammlungswahlen die Presse zu ihren Gunsten beeinflussen. Blutig wird das Zeitungsviertel umkämpft.

Die Ereignisse der Hauptstadt wirken bis in die Peripherie nach Wilhelmshaven nach. Auch hier besitzen die Befürworter eines Rätesystems keine

Johann Georg Siehl-Freystett
Quelle: Hartmut Wiesner

Die Zeitverhältnisse erfordern es, dass sich die männlichen Bürger Wilhelmshavens und Rüstringens zu einer Bürgerwehr zusammenschließen. Die Organisation verfolgt keine Parteipolitik.

– Aufruf in der »Republik« vom 15. Februar 1919

Mehrheit. Sie besetzen Zeitungen, rauben die Reichsbank zur Wahlkampffinanzierung aus und verschanzen sich in der 1000-Mann-Kaserne.

Berufsoffiziere und Unteroffiziere schlagen den Aufstand nieder und erstürmen die Kaserne. 8 Mann verlieren ihr Leben, etliche werden verletzt. Aus den siegreichen Kräften geht die II. Marinebrigade hervor.

BÜRGERTUM UND BÜRGERWEHREN

Große Teile des Bürgertums trifft der Krieg hart. Zwar können Rüstungsunternehmen und Teile der Schwerindustrie in der Kriegswirtschaft enorme Gewinne erwirtschaften. Die mittleren Schichten, so das Bildungsbürgertum, die höhere Beamtenschaft und das Handwerk, müssen aber große finanzielle Verluste hinnehmen: ihre Einkommen stagnieren oder sinken weitgehend im Verlauf des Krieges, während die Lebenshaltungskosten einer dramatischen Steigerung unterworfen sind. Diese Schichten reagieren auf den drohenden sozialen Abstieg zumeist mit einer vehementen Unterstützung des bestehenden politischen Systems und versuchen so, den Abstand zur Arbeiterschaft aufrecht zu erhalten.

In den Anfängen der Revolution verhält sich das Bürgertum weitgehend passiv. So auch in Wilhelmshaven, wo es ohnedies keine starke gesellschaftliche Gruppe darstellt. Hier wie andernorts – etwa in Kiel – ist diese Lähmung jedoch nicht von langer Dauer. Als Reaktion auf die Unruhen der Straße formieren sich in vielen Revolutionsorten Bürgerwehren, die vor allem in den Januarunruhen als Unterstützer der Mehrheitssozialdemokraten eine Rolle spielen.

Das Gemälde mit dem Titel »November 1918« stellt die Abrüstung der Marine dar. Es zeigt die Heckansicht eines verqualmten Linienschiffes, schemenhaft sind auf der Pier liegende Granaten zu erahnen.
Leihgabe der Ernst Brune GmbH und Co. KG
Foto: Deutsches Marinemuseum

08

HERMANN EHRHARDT
DER FREIKORPSFÜHRER

1881–1971

Hermann Ehrhardt wird 1881 als Sohn eines Pfarrers geboren. 1899 tritt er in die Marine ein. Während des Ersten Weltkrieges befehligt er Torpedobootsflottillen und nimmt an der Skagerrakschlacht teil. Zunächst widerwillig, jedoch von Gustav Noske per Telefon überzeugt, überführt er seine Boote in die Internierung. Er kehrt im Dezember 1918 auf einem Transportschiff nach Wilhelmshaven zurück. Auf der Heimreise kommt es innerhalb der soldatenratstreuen Besatzung zu Befehlsverweigerungen. Ehrhardt übernimmt kurzerhand mit loyalen Soldaten das Kommando. Seine ohnehin revolutionsfeindliche Einstellung wird durch diesen Vorfall noch verstärkt.

Im Januar 1919 kommt es in Wilhelmshaven zu einem linksradikalen Putsch. Ehrhardt und andere Berufssoldaten schlagen den Umsturzversuch gewaltsam nieder. Aus dieser Formation geht die II. Marinebrigade mit Ehrhardt als Kommandeur hervor. 1920 unterstützt sie den Kapp-Lüttwitz-Putsch. Es wird Haftbefehl gegen Ehrhardt erlassen, der sich nach Bayern absetzt. Dort wandelt er seine aufgelöste Brigade in die rechtsradikale »Organisation Consul« um. Diese ist unter anderem für den Mord an Matthias Erzberger verantwortlich. 1922 wird Ehrhardt festgenommen, jedoch nur für die Beteiligung am Kapp-Lüttwitz-Putsch verurteilt. 1923 flieht er aus der Haft nach Österreich. Danach tritt er nicht mehr politisch in Erscheinung. Ehrhardt heiratet in eine Adelsfamilie ein und stirbt 1971.

DIE FREIKORPS

Nach der Revolution bilden sich militärische Freiwilligenverbände aus Berufssoldaten und Studenten. Die Freikorps dienen der Regierung als provisorische Armee, da der Aufbau eines republikanischen Heeres angesichts der andauernden Revolten unmöglich erscheint. Die Verbände werden im Baltikum, zur Niederschlagung von kommunistischen Umsturzversuchen und zur Grenzsicherung im Osten eingesetzt. Im Frühjahr 1919 existieren mehr als 100 Freikorps mit insgesamt 400.000 Angehörigen.

Die Stürmung der 1000-Mann-Kaserne, die den kommunistischen Putsch in Wilhelmshaven beendet, gilt als Geburtsstunde der II. Marinebrigade Ehrhardt. Doch erst am 17. Februar 1919 erhält Korvettenkapitän

Korvettenkapitän Hermann Ehrhardt
DMM 2013-041-132

*Hakenkreuz am Stahlhelm,
schwarz-weiß-rotes Band,
die Brigade Erhardt
werden wir genannt*

– Kampflied der II. Marinebrigade

Ehrhardt offiziell den Aufstellungsbefehl von der Marinestation der Nordsee. Die Brigade Ehrhardt wird bei der Niederschlagung der Münchner Räterepublik und anderer Unruhen im gesamten Reichsgebiet eingesetzt.

Die ohnehin antirepublikanische Haltung der Freikorps verstärkt sich im Verlauf des Jahres 1919: Sind anfangs Kommunisten das zentrale Feindbild, richtet sich die Erbitterung zunehmend gegen die SPD-Regierung. Die Soldaten machen sie für die harten Friedensbedingungen von Versailles verantwortlich und vermissen den Rückhalt in der Politik. Zudem ruft die von den Siegern befohlene Auflösung der Freikorps Existenzängste hervor. Um der Auflösung zu entgehen, beteiligt sich die II. Marinebrigade Ehrhardt am scheiternden Kapp-Lüttwitz-Putsch.

DER KAPP-LÜTTWITZ-PUTSCH

Artikel 160 des Versailler Friedensvertrages verlangt die Auflösung der Freikorps. General Walther von Lüttwitz, der Oberbefehlshaber der vorläufigen Reichswehr in Berlin und Umgebung, fordert im März 1920 den Abbruch der Truppenreduzierungen und Neuwahlen von der Reichsregierung. Er wird abgewiesen und seines Kommandos enthoben. Von Lüttwitz befiehlt seinem Vertrauten Hermann Ehrhardt die Besetzung des Regierungsviertels. Am 13. März marschiert die II. Marinebrigade in Berlin ein. Da die Reichswehr einen Einsatz gegen das Freikorps verweigert, verläuft der Staatsstreich kampflos. Die Reichsregierung flieht aus Berlin. Von Lüttwitz setzt den rechtsextremen Wolfgang Kapp als Reichskanzler ein.

Durch einen Generalstreik von Arbeitern und Beamten zeigt sich schnell die Handlungsunfähigkeit der neuen Regierung. Erfolglos setzt sie die Freikorps gegen die Streikenden ein. Die anfängliche Begeisterung konservativer Kreise schlägt angesichts des Misserfolgs der Regierung in Ablehnung um. Der Putschversuch scheitert am 17. März am Widerstand der Bevölkerung. Kapp und von Lüttwitz tauchen unter. Korvettenkapitän Ehrhardt und die II. Marinebrigade werden von der Reichsregierung erneut in Dienst genommen, jedoch bald nach Munster verlegt und anschließend aufgelöst.

Stahlhelm mit Hakenkreuz, getragen von Mitgliedern der Marinebrigade Ehrhardt
Deutsches Historisches Museum / A. Psille

09

KÄTHE KOLLWITZ
DIE SOZIALISTISCHE KÜNSTLERIN

1867–1945

Käthe Schmidt wird am 8. Juli 1867 in Königsberg (heute: Kaliningrad) geboren. Ab 1886 beginnt sie dort ein Kunststudium, das sie in München und Berlin fortsetzt. Nach der Hochzeit mit dem Arzt Karl Kollwitz im Jahr 1891 zieht sie dorthin um. Sie leben im Arbeiterviertel Prenzlauer Berg, wo ihr Mann eine Praxis unterhält. 1892 und 1896 kommen ihre Söhne Hans und Peter zur Welt. Der künstlerische Durchbruch gelingt ihr 1898 mit dem Zyklus »Ein Weberaufstand«. Das Leben und die Sorgen der Arbeiter werden fortan zu beherrschenden Themen ihres Werkes. Den Ersten Weltkrieg begrüßt die Sozialdemokratin Kollwitz zwar nicht frenetisch, glaubt jedoch an die Notwendigkeit der Vaterlandsverteidigung. Doch bereits im Oktober fällt ihr jüngster Sohn Peter, der sich freiwillig zur Armee gemeldet hat. Die Schaffung eines Denkmals für ihn wird für viele Jahre ihr wichtigstes künstlerisches Anliegen, das sie erst 1932 vollendet.

Kollwitz Tagebuch spiegelt ein reges Interesse an der Politik. Aufmerksam verfolgt sie das Tagesgeschehen der Revolution auf den unruhigen Straßen Berlins im Herbst und Winter 1918/19.

1919 wird sie als erste Frau Mitglied der Preußischen Akademie der Künste. Zehn Jahres später erhält sie den zivilen Orden »Pour le Mérite«.

Nach der Machtübernahme der Nationalsozialisten erhält sie 1935 inoffizielles Ausstellungsverbot. Bei einem Bombenangriff wird ihre Wohnung vollständig zerstört. Sie stirbt am 22. April 1945 in Moritzburg bei Dresden.

DIE REVOLUTION IN BERLIN

Am 9. November 1918 gehen auch in Berlin die Menschen zu Hunderttausenden auf die Straßen, unter ihnen auch Kollwitz. Sie erlebt mit, wie Scheidemann vom Fenster des Reichstages die Republik ausruft. Noch am selben Tag verkündet der Spartakist Karl Liebknecht vom Stadtschloss aus die »Freie Sozialistische Republik Deutschland«. Trotz erheblicher inhaltlicher Differenzen bilden USPD- und SPD-Vertreter gemeinsam eine als »Rat der Volksbeauftragten« bezeichnete Übergangsregierung.

Sie zerbricht über den Umgang mit der Volksmarinedivision. Nachdem sich auf dem Reichsrätekongress eine deutliche Mehrheit der Delegierten für die Nationalversammlungswahlen im Januar und damit die Parlamentarisierung ausgesprochen hat, meutert der Verband und bringt zeitweilig die Regierung in

Käthe Kollwitz
ullstein bild – ullstein bild

Ich bin niedergeschlagen, sehr. Trotzdem ich einverstanden damit bin, daß Spartakus zurückgedrängt ist. Aber ich habe das beklommene Gefühl, daß die Truppen nicht umsonst gerufen sind, daß die Reaktion marschiert.

– Tagebucheintrag,
12. Januar 1919

seine Gewalt. Diese ruft reguläre Truppen zur Hilfe, die sich zuvor im sogenannten Ebert-Groener-Pakt der Regierung zur Verfügung gestellt haben. Daraufhin treten die Angehörigen der USPD aus dem Rat der Volksbeauftragten aus.

Der Konflikt radikalisiert sich nach dem 5. Januar 1919 mit der Besetzung des Berliner Zeitungsviertels durch revolutionäre Arbeiter, die von der Spartakusgruppe unterstützt werden. Sie bringen die SPD-Zeitung »Vorwärts« in ihren Besitz, erklären die Regierung für abgesetzt und versuchen, die Nationalversammlungswahlen zu verhindern. Die Kämpfe dauern bis zum 12. Januar an und werden durch den Einsatz von Freikorps beendet.

Sie flammen noch einmal in bis dahin ungekannter Heftigkeit im März 1919 auf. Bei diesen Märzunruhen verlieren mehr als 1200 Menschen ihr Leben.

DIE ERMORDUNG ROSA LUXEMBURGS UND KARL LIEBKNECHTS

Rosa Luxemburg und Karl Liebknecht gehören zunächst zum linken Flügel der SPD, bevor sie nach der Parteispaltung 1917 zu führenden Köpfen der Spartakusgruppe werden. Diese bildet den linken Flügel der USPD, aus dem im Januar 1919 die Kommunistische Partei Deutschlands hervorgeht.

Nach der gewaltsamen Niederschlagung des Januaraufstandes werden beide von Angehörigen der Garde-Schützen-Division am 15. Januar 1919 verschleppt und im Eden-Hotel verhört und misshandelt. Anschließend wird Luxemburg brutal erschlagen. Ihre Leiche wird in den Landwehrkanal geworfen. Karl Liebknecht wird von Freikorpssoldaten im Tiergarten erschossen.

Der Mord an beiden ruft Empörung weit über die Anhängerschaft der Politiker hinaus hervor. Die Beisetzung der Toten am 25. Januar wird zu einer eindrucksvollen Demonstration der politischen Linken. Neben Liebknecht, von dem Käthe Kollwitz zuvor ein Totenbild fertigt, wird für Luxemburg zunächst ein leerer Sarg bestattet.

Käthe Kollwitz: Gedenkblatt für
Karl Liebknecht (1919), Holzschnitt
Leihgabe des Staatlichen Museums Schwerin
Foto: Staatliches Museum Schwerin

LUDWIG VON REUTER
DER INTERNIERTE ADMIRAL

1869–1943

Ludwig von Reuter wird 1869 in der Niederlausitz geboren. Er entstammt einer Familie von Offizieren und tritt der Kaiserlichen Marine 1885 als Kadett bei. Im Jahr 1910 wird er zum Kapitän zur See befördert und erhält im September 1915 das Kommando über die IV. Aufklärungsgruppe der Hochseeflotte. Im November 1916 wird er zum Konteradmiral befördert.

Während der Revolution ist von Reuter Befehlshaber der Aufklärungsschiffe der Hochseeflotte. Da sich Admiral von Hipper als Chef der Hochseeflotte der geforderten Auslieferung der Schiffe verweigert, wird von Reuter zum Chef des deutschen Überführungsverbandes. Auch von Reuter hat Zweifel an dieser Aufgabe. Er will jedoch verhindern, dass die Schiffe von den Soldatenräten an die Kriegsgegner übergeben werden. Unter seinem Kommando verlegt der größte Teil der Hochseeflotte in die britischen Internierungshäfen. Am 21. Juni 1919 erteilt von Reuter den internierten Schiffen den Befehl zur Selbstversenkung, um sie nicht in die Hände der Siegermächte des Ersten Weltkrieges fallen zu lassen. 1920 wird er aus der Marine verabschiedet und zieht sich aus dem öffentlichen Leben zurück. Von Reuter stirbt 1943 in Potsdam.

DIE INTERNIERUNG IN GROSSBRITANNIEN

Zu den Bestimmungen des Waffenstillstandes von Compiègne zählen die Abrüstung der Hochseeflotte und die Internierung deutscher Kriegsschiffe. Die Hoffnungen des Offizierskorps auf eine Internierung in einem neutralen Hafen erfüllen sich nicht: Der größte Teil der entwaffneten Hochseeflotte wird nach England beordert. Am 19. November 1918 verlässt der Überführungsverband Wilhelmshaven und wird zwei Tage später von der britischen Grand Fleet vor dem Firth of Forth in Nordengland in Empfang genommen. Die Briten inszenieren auf diese Weise medienwirksam ihren Triumph über die Hochseeflotte. Als besonders demütigend wird empfunden, dass die Briten das Führen der deutschen Flagge verbieten.

Wenige Tage später werden die deutschen Schiffe in die Bucht Scapa Flow der Orkney Inseln befohlen. Die Besatzungen werden auf Befehl der Briten um drei Viertel reduziert. Monotonie, Mangel am Nötigsten und Dreck prägen den Alltag der verbliebenen

Admiral Ludwig von Reuter
DMM 2006-049-071

Unbesiegt ist sie im Hafen von Scapa Flow in ihr selbst gewähltes Grab gesunken. Gott schütze die dritte deutsche Flotte!

– Ludwig von Reuter, 1921

Besatzungen. Zudem erhalten sie nur eingeschränkt Post und Informationen aus der Heimat. Obwohl Ludwig von Reuter mehrmals auf eine Verbesserung der Lebensbedingungen seiner Besatzungen drängt, werden seine Anträge von höchsten Stellen in London abgewiesen. Auseinandersetzungen mit dem Soldatenrat des Internierungsverbandes veranlassen von Reuter zu einem Flaggschiffwechsel, um seine Handlungsfähigkeit zurückzuerlangen: Er zieht am 25. März 1919 mit seinem Stab auf den Kleinen Kreuzer »Emden« um, dessen Besatzung sich loyal zu von Reuter bekennt.

DIE SELBSTVERSENKUNG IN SCAPA FLOW

Die im Mai 1919 veröffentlichten Friedensbedingungen wirken in Deutschland wie ein Schock. Versuche der Regierung, die Bestimmungen zu mildern, scheitern. Sie bietet sogar an, für ein Entgegenkommen an anderer Stelle die gesamte Flotte auszuliefern. Die Siegermächte gehen auf die Vorschläge nicht ein. Sie stellen ein Ultimatum bis zum 21. Juni. Von Reuter und weite Teile des Offizierskorps wollen die internierten Schiffe aber nicht in die Hände der Entente fallen lassen. Zumal die Wiederaufnahme des Krieges droht, falls der Frieden nicht unterzeichnet wird. Bereits am 17. Juni hat von Reuter deshalb einen Geheimbefehl zur Vorbereitung der Selbstversenkung verfasst. Das Signal »Paragraph 11. Bestätigen« soll sie auslösen.

Der Versenkungsbefehl ergeht am 21. Juni 1919. Die britischen Bewacher sind völlig überrascht und eröffnen das Feuer auf die in Rettungsboote steigenden deutschen Seeleute. Zehn werden getötet. Die Schiffe am Sinken zu hindern, gelingt kaum: 52 von 74 Schiffen versinken in Scapa Flow.

Die britische Seite verurteilt die Selbstversenkung aufs Schärfste. Sie wird später Reparationsnachforderungen nach sich ziehen. Die Reaktionen in Deutschland sind gespalten. Das linke Lager lehnt sie als Verschlimmerung der Lage ab, das rechte begrüßt sie als Ehrenrettung der Marine.

Modelle der 52 am 21. Juni 1919 im schottischen Scapa Flow selbstversenkten Schiffe und Boote. Von den insgesamt 74 Einheiten des Internierungsverbandes konnten 22 Schiffe am Sinken gehindert werden.
DMM 2009-063
Foto: Deutsches Marinemuseum

HEINRICH TILLESSEN
DER FEMEMÖRDER

1894–1984

Heinrich Tillessen entstammt einer streng katholischen Offizierfamilie. 1912 tritt er in die Kaiserliche Marine ein und arbeitet eng mit Hermann Ehrhardt zusammen. Tillessen überführt nach dem Krieg das Torpedoboot S60 nach Scapa Flow. Nach der Selbstversenkung der Hochseeflotte gerät er in britische Kriegsgefangenschaft. Im Juli 1920 scheidet er aus der Marine aus. Während des Kapp-Putsches schließt er sich der Marinebrigade Ehrhardt und später der daraus hervorgehenden, terroristischen »Organisation Consul« an. Gemeinsam mit Heinrich Schulz ermordet er in ihrem Auftrag Matthias Erzberger.

Nach der Tat fliehen die Mörder zunächst nach Ungarn. Erst 1932 kehrt Tillessen nach Deutschland zurück. Er profitiert 1933 von einer Straffreiheitsverordnung, die alle Fememörder straffrei stellt. Tillessen wird Mitglied der NSDAP und der SA. Mit Beginn des Zweiten Weltkrieges wird er in die Kriegsmarine aufgenommen.

Heinrich Tillessen
Generallandesarchiv Karlsruhe,
Landesarchiv Baden-Württemberg (233, Nr. 28381)

Nach Kriegsende wird er von der amerikanischen Besatzungsmacht wegen seiner nationalsozialistischen Vergangenheit verhaftet. Er wird wegen des 25 Jahre zuvor verübten Mordes in Untersuchungshaft genommen und nach zwei Prozessen zu 15 Jahren Freiheitsentzug verurteilt. 1952 erhält er Haftverschonung. Tillessen lebt bis zu seinem Tod in Heidelberg, Frankfurt und Koblenz.

DIE »ORGANISATION CONSUL« UND DER MORD AN ERZBERGER

Erzberger ist als Reichsfinanzminister dafür verantwortlich, dass das Deutsche Reich die ihm aus dem Versailler Vertrag erwachsenen finanziellen Verpflichtungen erfüllt. Die politische Rechte verunglimpft ihn deshalb als »Erfüllungspolitiker«.

Die Angriffe gipfeln in der Hetzschrift »Fort mit Erzberger« von Karl Helfferich, gegen die sich Erzberger mit geringem Erfolg juristisch wehrt. Er tritt daraufhin zurück.

Bereits während des Prozesses wird Erzberger am 28. Januar 1920 Ziel eines Attentates, das er leicht verletzt überlebt.

Anfang August 1921 erhalten Tillessen und Hein-

Ich glaubte infolgedessen damals dem deutschen Volk durch die Beseitigung Erzbergers unter vollem Einsatz meiner Person einen großen und guten Dienst zu erweisen.

– Aussage Heinrich Tillessens vom 26. Juli 1946

rich Schulz den Auftrag, Matthias Erzberger zu ermorden. Auftraggeberin ist die rechtsextremistische und terroristische Untergrundvereinigung »Organisation Consul«. Ihr Ziel ist die Beseitigung und Destabilisierung der verhassten demokratischen Ordnung der Weimarer Republik und die Errichtung einer Militärdiktatur. Um dies zu erreichen, verübt der Geheimbund mehrere politische Morde, unter anderem an Matthias Erzberger und Walther Rathenau.

Erzberger wird von Schulz und Tillessen während eines Kuraufenthaltes in Bad Griesbach 26. August 1921 aus kurzer Distanz mit mehreren Schüssen getötet. Sein Begleiter Carl Diez überlebt die Schusswunden, die ihm die Attentäter zufügen.

DIE WECHSELVOLLE STRAFVERFOLGUNG DES MORDES

Rasch nach ihrem Verbrechen werden Schulz' und Tillessens Identitäten bekannt. Sie fliehen, zunächst nach Ungarn. 1932 kehrt Tillessen nach Deutschland zurück und kann dort aufgrund einer Straffreiheitsverordnung von 1933 ein unbehelligtes Leben führen.

1945 wird Tillessen in Kriegsgefangenschaft genommen. Wegen des Mordes an Erzberger wird er vor dem Landgericht Offenburg angeklagt. Die Anklage fordert die Todesstrafe, doch das Gericht spricht ihn unter Verweis auf die Straffreiheitsverordnung von 1933 frei. Das Urteil wird in der Presse und von der verfassungsgebenden Versammlung des Landes Baden als »Schandurteil« abgelehnt. Es wird aufgrund einer Revision der Anklage nicht rechtskräftig.

Die französische Besatzungsmacht eröffnet ein neuerliches Verfahren. Dieses stellt zunächst in einem Urteil von Präzedenzcharakter fest, dass die Straffreiheitsverordnung von 1933 nichtig sei: Das dieser zugrunde liegende Ermächtigungsgesetz sei seinerseits unrechtmäßig gewesen. Das Landgericht Konstanz spricht Tillessen im Februar 1947 rechtmäßig des Mordes für schuldig und verurteilt ihn zu einer fünfzehnjährigen Freiheitsstrafe.

Er muss jedoch nur einen geringen Teil seiner Strafe verbüßen und erhält 1952 Haftverschonung. Nachdem sich auch Erzbergers Witwe für eine Haftverschonung ausgesprochen hat, wird er 1958 begnadigt.

Steckbrief mit den wegen Mordes an Matthias Erzberger gesuchten Mitgliedern der »Organisation Consul«: Heinrich Schulz und Heinrich Tillessen. Internationales Criminal-Polizeiblatt Nr. 37, 15. September 1921

Landesarchiv Baden-Württemberg
Staatsarchiv Freiburg (F 179/4 Nr. 79, S. 57)
Foto: Deutsches Marinemuseum

12

ERNST TOLLER
DER POLITISCHE DICHTER

1893–1939

Ernst Toller wird 1893 in eine jüdische Kaufmannsfamilie in Ostpreußen geboren. Als 1914 der Erste Weltkrieg beginnt, meldet er sich wie viele andere Künstler freiwillig zum Militärdienst. Ebenso wie diese aber verzweifelt er rasch am Krieg. 1916 wird er nach einem psychischen Zusammenbruch ausgemustert. Er nimmt Studien auf, unter anderem bei Max Weber in Heidelberg. Dort kommt er in Kontakt zu Literaten und dem bayerischen USPD-Politiker Kurt Eisner.

Die Bewunderung für Eisner veranlasst ihn, nach Beginn der Revolution nach München zu gehen. Nach dessen Ermordung am 21. Februar 1919 wird er zum dortigen USPD-Vorsitzenden gewählt. Toller wird nach dem Ende der Münchner Räterepublik zu fünf Jahren Haft verurteilt. Während dieser Zeit verfasst er mehrere Dramen, die ihm große Popularität einbringen. 1921 erringt er für die USPD ein Landtagsmandat in Bayern, das er wegen der Haft jedoch nicht ausüben kann. Nach der Haftentlassung kann er an seine früheren Erfolge nicht mehr anknüpfen.

Ernst Toller
ullstein bild – Dephot

1933 wird er ausgebürgert, seine Schriften werden verbrannt und verboten. Er emigriert über die Schweiz in die USA. Dort nimmt er sich 1939 das Leben, nachdem sein Appell an die internationale Gemeinschaft, sich in Spanien gegen Faschismus, Bürgerkrieg und Hunger zu engagieren, ungehört bleibt.

DER DICHTER ALS POLITIKER

Am 8. November 1918 proklamiert der USPD-Politiker Kurt Eisner in München den »Freistaat Bayern« und ruft sich selbst zum Ministerpräsidenten aus. Arbeiter- und Soldatenräte werden gewählt. Wie auf Reichsebene auch, prägt die Frage nach der künftigen politischen Ordnung das revolutionäre Geschehen: Kurt Eisner propagiert mit der Formel »Räte und Parlament« den Kompromiss. Eisners USPD schneidet bei den Landtagswahlen am 12. Januar mit 2,5 % der Wählerstimmen desaströs ab. Auf dem Weg zur konstituierenden Landtagssitzung wird er am 21. Februar 1919 ermordet. Ein Kongress der Arbeiter-, Bauern- und Soldatenräte erklärt danach den Landtag für ausgesetzt und sich selbst zum provisorischen Nationalrat. Ernst Toller wird der Vorsitz über die USPD übertragen. In der Folge spitzt sich der Konflikt

Ein hoch der freien Republik Bayern. Nach intensiver Arbeit in Berlin schwer erkrankt. Hoffe ich Ende der Woche nach München abfahren zu können. Stelle mich ihnen zur Verfügung.

– Ernst Toller an Kurt Eisner, 11. November 1918

zwischen den Anhängern eines Rätemodells und dem Landtag zu. Toller gehört zu den Befürwortern des Rätesystems, die am 7. April 1919 die Münchner Räterepublik ausrufen. Unter Führung des Matrosen Rudolf Egelhofer wird ein gegen diese gerichteter Putsch von der sogenannten »Roten Armee« am 13. April 1919 niedergeschlagen. Toller wird zum Stellvertreter Egelhofers ernannt. Damit haben die Kommunisten die politische Macht inne, nicht jedoch die Unterstützung der Bevölkerungsmehrheit hinter sich. Am 1. Mai taucht Toller kurz vor der Niederschlagung der Räterepublik durch Freikorps unter. Am 4. Juni 1919 wird er verhaftet.

DER POLITISCHE DICHTER

1930 wird Ernst Tollers expressionistisches Drama »Feuer aus den Kesseln« uraufgeführt. In elf Szenen konzentriert sich das Stück auf die Marinestreiks des Jahres 1917 und interpretiert diese als Vorgeschichte der Revolution 1918. Toller, der selbst als Politiker in der bayerischen Revolution aktiv war, kehrt hiermit nur scheinbar zu den Anfängen seiner politischen Biografie zurück. Tatsächlich schreibt er das Stück zeitgleich zu einer tagesaktuellen Debatte: Dem Streit um die Bewilligung von Krediten für ein neues Panzerschiff im Jahr 1928. Wie schon in der Revolutionszeit wird dieser zwischen der extremen Linken und der regierenden SPD ausgetragen. Ihr steht Toller unversöhnlich gegenüber. Als das Stück uraufgeführt wird, hat Toller den Zenit seiner Popularität bereits überschritten: Diesen erlebte er in der fünfjährigen Haft, zu der er aufgrund seiner Rolle in der Revolution verurteilt worden war. Es sind vor allem expressionistische Dichter, die sich der literarischen Verarbeitung der Revolution annehmen: Alfred Döblin etwa verfasst 1933 aus dem Exil das vierbändige Werk »November 1918«, während sich Theodor Plievier mit »Des Kaisers Kulis« ebenfalls den Ereignissen in der Hochseeflotte widmet.

Bühnenbildmodell von Thomas Rump zum Theaterstück »Feuer aus den Kesseln« in der Fassung von Michael Uhl nach Ernst Toller, das 2018 in Wilhelmshaven gespielt wurde. Zentrales Element des Bühnenbildes sind Tische, aus denen sich zunächst verschiedene Bilder wie der Schiffsraum formen. Erst zum Ende kann der Tisch als Sinnbild der Demokratie seiner eigentlichen Bestimmung zugeführt werden: Einem Ort, an dem man sich zusammen setzt und diskutiert.

DMM 2018-013-001, Foto: Deutsches Marinemuseum

Die Akteure – Literaturhinweise

HERMANN EHRHARDT
2. Marine-Brigade (Hrsg.): Denkschrift der 2. Marine-Brigade (Ehrhardt), Berlin o.J.
Krüger, Gabriele: Die Brigade Ehrhardt, in: Janssen, Karl-Heinz u. A. (Hrsg.): Hamburger Beiträge zur Zeitgeschichte Band VII, Hamburg 1971.

PRINZ HEINRICH
Hering, Rainer; Schmidt, Christina: Prinz Heinrich von Preußen: Großadmiral. Kaiserbruder. Technikpionier, Kiel 2013.
Schmidt, Christina: »Hoffentlich büßt die Marine!«. Prinz Heinrich von Preußen, der Kieler Matrosenaufstand und das Ende der Monarchie, in: Kinzler, Sonja; Tillmann, Doris: Die Stunde der Matrosen. Kiel und die deutsche Revolution 1918, Kiel 2018, S. 116-121.
Machtan, Lothar: Der erstaunlich lautlose Untergang von Monarchie und Bundesfürstentum – ein Erklärungsangebot, in: Gallus, Alexander (Hg.): Die vergessene Revolution von 1918/19, Göttingen 2010, S. 14-56.

FRANZ RITTER VON HIPPER
Busche, Jürgen: Heldenprüfung. Das verweigerte Erbe des Ersten Weltkriegs, München 2004.
Groß, Gerhard P.: Eine Frage der Ehre? Die Marineführung und der letzte Flottenvorstoß 1918, in: Duppler, Jörg; Groß, Gerhard P.: Kriegsende 1918. Ereignis, Wirkung, Nachwirkung, München 1999, S. 349-365.

KÄTHE KOLLWITZ
Jones, Mark: Am Anfang war Gewalt. Die deutsche Revolution 1918/19 und der Beginn der Weimarer Republik, Berlin 2017.
Kollwitz, Käthe: Die Tagebücher 1908–1943, München 2012.
Schönpflug, Daniel: Kometenjahre. 1918: Die Welt im Aufbruch, Frankfurt am Main 2017.

BERNHARD KUHNT
Kliche, Josef: Vier Monate Revolution in Wilhelmshaven, Nachdruck Wilhelmshaven 1988.
Günther, Wolfgang: Die Revolution von 1918/19 in Oldenburg, Oldenburg 1979.

GUSTAV NOSKE
Wette, Wolfram: Gustav Noske. Eine politische Biographie, Düsseldorf 1987.
Ders.: Gustav Noske und die Revolution in Kiel 2018, Kiel 2010.

CARL RICHARD LINKE
Huck, Stephan; Pieken, Gorch; Rogg, Matthias (Hrsg.): Die Flotte schläft im Hafen ein. Kriegsalltag 1914–1918 in Matrosen-Tagebüchern, Dresden 2014.
Wolz, Nicolas: Und wir verrosten im Hafen. Deutschland, Großbritannien und der Krieg zur See 1914–1918, München 2013.
Regulski, Christof: Lieber für die Ideale erschossen werden, als für die sogenannte Ehre fallen, Wiesbaden 2014.

LOTHAR POPP
Dänhardt, Dirk: Revolution in Kiel. Der Übergang vom Kaiserreich zur Weimarer Republik 1918/19, Kiel 1978.
Kuhl, Klaus: Streitgespräch mi Lothar Popp, o.O. 1978.
Rackwitz, Martin: Kiel 1918. Revolution – Aufbruch zu Demokratie und Republik, Kiel 2018.

LUDWIG VON REUTER
Krause, Andreas: Scapa Flow. Die Selbstversenkung der wilhelminischen Flotte, Berlin 1999.
Reuter, Ludwig von: Scapa Flow. Das Grab der deutschen Flotte, 2. Auflage, Leipzig 1921.
Rojek, Sebastian: Versunkene Hoffnungen. Die deutsche Marine im Umgang mit Erwartungen und Enttäuschungen 1871–1930, München 2017.

JOHANN GEORG SIEHL-FREYSTETT
Scholl, Lars-U.: Der Marinemaler Johann Georg Siehl-Freystett, in: Deutsches Schiffahrtsarchiv 9, 1986, S. 281-312.
Wehler, Hans-Ulrich: Deutsche Gesellschaftsgeschichte 1914–1919, München 2003.
Wiesner, Hartmut: Das Werk Johann Georg Siehl-Freystetts: Dokumentation, künstlerische Stellungnahme, Rezeption, Oldenburg 1984.

HEINRICH TILLESSEN
Gebhardt, Cord: Der Fall des Erzberger-Mörders Heinrich Tillessen. Ein Beitrag zur Justizgeschichte nach 1945, Tübingen 1995.
Lanzenauer, Reiner Haehling von: Der Mord an Matthias Erzberger, Karlsruhe 2008.

ERNST TOLLER
Distl, Dieter: Ernst Toller. Eine politische Biographie, Schrobenhausen 1993.
Toller, Ernst: Briefe 1915–1939. Kritische Ausgabe, 2 Bde., Göttingen 2018.

ÜBERBLICKSDARSTELLUNGEN
Haffner, Sebastian: Die deutsche Revolution 1918/1919, Reinbek 2004.
Niess, Wolfgang: Die Revolution von 1918/19: Der wahre Beginn unserer Demokratie, Berlin u.a. 2017.
Ullrich, Volker: Revolution von 1918/19, München 2009.

DIE AUSSTELLUNG

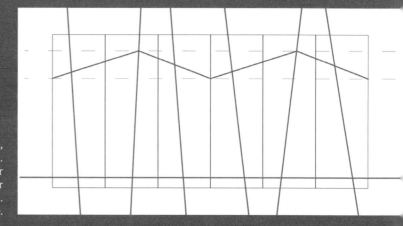

Eine Gesellschaftordnung gerät aus den Fugen,
ein orthogonaler Körper wird asymmetrisch durchschnitten.
Es ergeben sich 12 ungleiche Teile, die vorher
ein regelmäßiges Ganzes waren – Vitrinen und Grafikträger
für die Darstellung von 12 ungleichen Akteuren.
Prinzipskizze zum Vorentwurf von Iglhaut + von Grote.

Die 12 Vitrinenstelen variieren in Höhen und Breiten und nehmen Objekte, Bilder, Texte und Medien auf. Als Ensemble thematisieren sie Fragmentierung und Zerfall. Ansicht der 12 Vitrinenstelen aus dem Vorentwurf von Iglhaut + von Grote, noch ohne Maß.

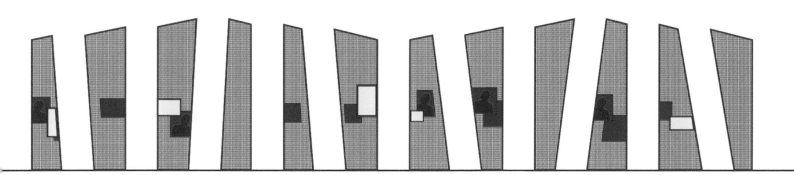

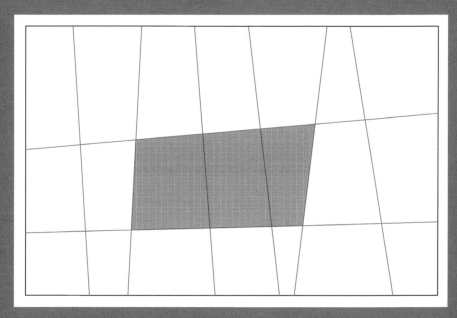

Der Grundriss folgt der Asymmetrie der Vitrinenstelen und erzeugt durch ebenso asymmetrische Verbindungslinien die Kontur des im Zentrum aufgestellten Filmkabinetts. Nur der umgebende Raum behält seine rechtwinkelige Form, im Inneren wird diese neu interpretiert.

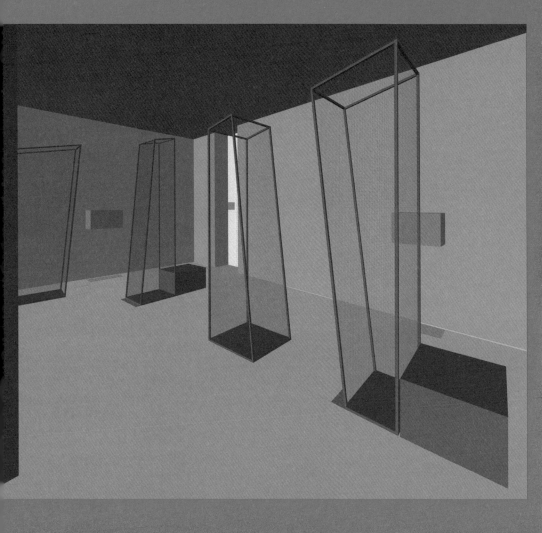

Räumliche Verortung und Dimensionierung der asymmetrischen Vitrinen im Computermodell. Entwurfszeichnung von Iglhaut + von Grote.

Verbindungen, Verweise, Gegensätze kennzeichnen die inhaltliche Struktur der Ausstellung. Ein asymmetrisches, nicht als Raster auflösbares Koordinatensystem aus Linien und Texten kennzeichnet die Wand- und Bodengrafik des Ausstellungsraums. Raumarchitektur und Raumgrafik gehen eine Synthese ein sind untrennbar aufeinander bezogen. Entwurfszeichnung von Iglhaut + von Grote.

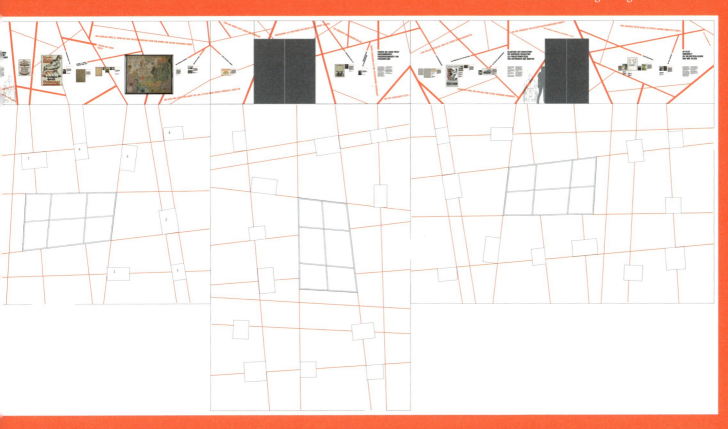

Raumansicht mit Vitrinenstelen, Wand- und Bodengrafik
Foto: Torsten Wieland

Raumansicht mit Vitrinenstelen, Wand- und Bodengrafik, im Vordergrund rechts die Außenseite des Filmkabinetts
Foto: Torsten Wieland

Die Ausstellungsgestaltung hilft dem Besucher, im Netzwerk von Personen, Themen und Ereignissen zu navigieren.
Foto: Torsten Wieland

Das Filmkabinett im Zentrum des Raums zeigt heutige Einschätzungen und Kommentare zur Revolution 1918/19 in einem Interviewfilm.
Foto: Torsten Wieland

AUTORENVERZEICHNIS

JEANPAUL GOERGEN
Filmhistoriker mit Schwerpunkten auf dem unbekannten deutschen Filmerbe, Filmavantgarde sowie Kultur- und Dokumentarfilm. Kurator von Filmprogrammen, u.a. der Reihe »Berlin. Dokument« im Zeughauskino, die seit September 2011 monatlich nichtfiktionale Filme zur Geschichte Berlins vorstellt. Zuletzt: Wissenschaftlicher Mitarbeiter der beiden DFG-Projekte »Geschichte des dokumentarischen Films in Deutschland« 1895–1945 (Reclam 2005) und 1945–2005 (erscheint 2020).

JENS GRAUL
Dr. rer. pol. und Stadtrat a.D., studierte Stadtplanung in Aachen und promovierte 1996 an der Carl von Ossietzky Universität Oldenburg. Sein Forschungsschwerpunkt liegt auf stadt- und marinehistorischen Themen. Er ist Mitherausgeber der Kleinen Schriftenreihe zur Militär- und Marinegeschichte und gehört dem Vorstand der Stiftung Deutsches Marinemuseum an.

STEPHAN HUCK
Dr. phil., studierte Geschichte und Sozialwissenschaften in Hamburg und wurde an der Universität Potsdam promoviert. Seit 2002 ist er Museumsleiter des Deutschen Marinemuseums und Mitherausgeber der Kleinen Schriftenreihe zur Militär- und Marinegeschichte. Seit 2010 hat er einen Lehrauftrag an der Carl von Ossietzky Universität Oldenburg inne.

STEFAN IGLHAUT
ist Ausstellungsentwickler und Kulturmanager und arbeitet seit Beginn der 1990er Jahre an der Schnittstelle von Kunst, Wissenschaft und Öffentlichkeit. Als Kurator internationaler Ausstellungsprojekte und Projektleiter von Großveranstaltungen wie dem Themenpark der Weltausstellung EXPO 2000 positionierte er sich in einem Feld, das Kunst, Kultur- und Wissenschaftsgeschichte zusammenführt. In Stefan Iglhauts Redaktion und Herausgeberschaft entstehen auch Bücher, Kataloge und elektronische Publikationen, insbesondere zu Grenzbereichen und Übergängen von Wissenschaft, Kunst, Medien und Gesellschaft.

MARK JONES
Dr. phil., studierte Geschichte an der University of Cambridge, am Trinity College Dublin und am European University Institute in Florenz, wo er in Geschichte promovierte. Nach Stationen an der Freien Universität zu Berlin und am University College Dublin lehrt er heute als Jun. Professor für die Ge-

waltgeschichte der Europäische Neuzeit an der Ruhr Universität Bochum. 2017 erschien beim Propyläen Verlag seine höchst angesehene Studie über die Rolle der Gewalt in der Novemberrevolution 1918–19: Am Anfang war Gewalt. Die deutsche Revolution 1918/19 und der Beginn der Weimarer Republik.

DORIS TILLMANN

Dr. phil., studierte Volkskunde, Kunstgeschichte und Ur- und Frühgeschichte in Kiel. Sie promovierte 1995 und war als freie Ausstellungskuratorin und Autorin tätig. Seit 2004 ist sie Leiterin des Kieler Stadtarchivs und Direktorin des Kieler Stadt- und Schifffahrtsmuseums.

MICHAEL UHL

studierte Germanistik, Sport, Geschichte und Philosophie in Freiburg und Edinburgh. Seit 2003 arbeitet Michael Uhl als freier Regisseur u.a. am Staatstheater Oldenburg, Staatstheater Braunschweig, Schauspiel Kiel, Theater Heidelberg, Theater Heilbronn und war von 2009 bis 2016 der Leitende Regisseur des Niederdeutschen Schauspiels am Staatstheater Oldenburg.

JÖRG HILLMAN

Kapitän zur See, ist deutscher Marineoffizier und Militärhistoriker. Sudium der Geschichte und Sozialwissenschaften an der Universität der Bundeswehr Hamburg. 1999 Promotion am Fachbereich Pädagogik mit der frühneuzeitlichen Dissertation *Territorialrechtliche Auseinandersetzungen der Herzöge von Sachsen-Lauenburg vor dem Reichskammergericht im 16. Jahrhundert*. 2004/05 Bereichsleiter für Historische Bildung und stellvertretender Abteilungsleiter »Ausbildung, Information und Fachstudien« am Militärgeschichtlichen Forschungsamt in Potsdam. Dezernent beim NATO-Militärausschuss und dem Militärausschuss der Europäischen Union in Brüssel. 2007/08 Grundsatzreferent für Europäische Union im Führungsstab der Streitkräfte in Berlin, ab 2009 Dezernatsleiter in Brüssel. Tätigkeit für die Europäische Verteidigungsagentur (EVA) in Brüssel und die Führungsakademie der Bundeswehr in Hamburg. Seit 2017 ist er Kommandeur des Zentrums für Militärgeschichte und Sozialwissenschaften der Bundeswehr in Potsdam. Publikationen u.a. *»Das rote Schloß am Meer«. Die Marineschule Mürwik seit ihrer Gründung.* Hamburg 2002, *Der 20. Juli 1944 und die Marine. Ein Beitrag zu Ereignis und Rezeption.* Mit einem Vorwort von Lutz Feldt. Bochum 2004.

ROLF (eigentlich KARL-RUDOLF) FISCHER

ist Politiker (SPD) und Autor. Studium der Politikwissenschaft, Volkskunde und Germanistik, das er als Magister Artium (M.A.) beendete. 1982 Eintritt in die SPD, 1995 bis 2000 und 2004 bis 2013 Vorsitzender des SPD-Kreisverbandes Kiel. 2000 bis 2012 Mitglied des Landtages von Schleswig-Holstein, 2012 bis 2017 Staatssekretär für den Bereich Wissenschaft im Ministerium für Bildung und Wissenschaft (ab 2014 Ministerium für Soziales, Gesundheit, Wissenschaft und Gleichstellung) des Landes Schleswig-Holstein. Publikationen u.a.:
Kiel. Eine Liebe auf den zweiten Blick, Husum 1993.
Hermann Lüdemann und die deutsche Demokratie, Kiel 2006.
Revolution. Beiträge zum Kongress der Kieler SPD zum 90. Jahrestag der Revolution 1918, Kiel 2009.
»Der Bahn, der kühnen, folgen wir...«. Stephan Heinzel und der Aufstieg der Kieler SPD (Geschichte der Kieler Sozialdemokratie Band 1, 1863–1900), Malente 2010
Revolution und Revolutionsforschung. Beiträge aus dem Kieler Initiativkreis 1918/19, Kiel 2011.
»Mit uns die neue Zeit!« Kiels Sozialdemokratie im Kaiserreich und in der Revolution (Geschichte der Kieler Sozialdemokratie Band 2, 1900–1920), Kiel 2013.
Die dunklen Jahre. Kiels Sozialdemokratie im Nationalsozialiamus (Geschichte der Kieler Sozialdemokratie Band 4, 1930–1945), Kiel 2017.

MARTIN RACKWITZ

ist Historiker und Publizist. Studium der Geschichte und Anglistik an den Universitäten Kiel, Stirling (UK) und Edinburgh (UK). 2004 Promotion am Historischen Seminar der Christian-Albrechts-Universität zu Kiel. Buchveröffentlichungen zur Schleswig-Holsteinischen Erhebung 1848/51 und zur Sozialgeschichte Kiels im Ersten Weltkrieg. Zuletzt *Kiel 1918. Revolution – Aufbruch zu Demokratie und Republik.* Kiel 2018.

DR. SEBASTIAN ROJEK
Historiker, Studium der Mittleren und Neueren Geschichte, Deutschen Philologie und Klassischen Literaturwissenschaft an der Universität zu Köln (Magister Artium). 2012–2015 Wissenschaftlicher Mitarbeiter in der Leibniz Graduate School »Enttäuschung im 20. Jahrhundert. Utopieverlust – Verweigerung – Neuverhandlung«, getragen vom Institut für Zeitgeschichte und der Ludwig-Maximilians-Universität München (LMU). 2016 Promotion an der LMU München. Seit 2016 Akademischer Mitarbeiter am Historischen Institut der Universität Stuttgart. Publikationen u.a.:
Versunkene Hoffnungen. Die Deutsche Marine im Umgang mit Erwartungen und Enttäuschungen 1871–1930, Berlin/Boston 2017.

IMPRESSUM

KATALOG

»DIE SEE REVOLUTIONIERT DAS LAND. DIE MARINE UND DIE REVOLUTION 1918/19«
Deutsches Marienmuseum Wilhelmshaven (DMM)
27. Mai bis 11. November 2017

HERAUSGEBER
Dr. Stephan Huck

KONZEPT
Dr. Stephan Huck
Stefan Iglhaut

BILDREDAKTION
Nina Nustede

OBJEKTFOTOS
Dr. Stephan Huck

REDAKTION UND LEKTORAT
Daniel Hirschmann
Dr. Stephan Huck
Nina Nustede

GESTALTUNG
Iglhaut + von Grote, Berlin

ÜBERSETZUNG INS DEUTSCHE
Dr. Stephan Huck
Nina Nustede

DRUCK
Brune-Mettcker Druck- und Verlagsgesellschaft, Wilhelmshaven

AUSSTELLUNG

PROJEKTLEITUNG
Dr. Stephan Huck
Stefan Iglhaut

TEXTE
Dr. Stephan Huck
Daniel Hirschmann

OBJEKT- UND BILDRECHERCHE, LEIHVERKEHR
Nina Nustede

PROJEKTREALISIERUNG
Iglhaut + von Grote, Berlin

SZENOGRAPHIE
Tilman Richter
Umberto Pinoni

AUSSTELLUNGSGRAFIK UND DRUCKSACHEN
Natalia Mikhaylenko
Jeff Chi
Judith Hummer

FILMSKRIPT UND REGIE
Stefan Iglhaut
Dr. Stephan Huck

FILMAUFNAHMEN UND SCHNITT
Markus Uhl

TONAUFNAHMEN
Landesbühne Niedersachsen Nord:
Lea Redlich, Ben Knop,
Johanna Kröner,
Jeffrey von Laun

AUSSTELLUNGSPRODUKTION
Urban & Urban, Leipzig

MEDIENHARDWARE
Peckerson, Bremerhaven

LEIHGEBER

Deutsches Historisches Museum, Berlin
Hafenmuseum Hamburg
Landesarchiv Baden-Württemberg – Staatsarchiv Freiburg
Dr. Rüdiger Nedden
Staatliche Schlösser, Gärten und Kunstsammlungen Mecklenburg-Vorpommern – Staatliches Museum Schwerin
Wehrgeschichtliches Ausbildungszentrum Marineschule Mürwik (WGAZ)

DIESER BAND WURDE MIT FREUNDLICHER UNTERSTÜTZUNG
DES ZENTRUMS FÜR MILITÄRGESCHICHTE UND SOZIALWISSENSCHAFTEN
DER BUNDESWEHR GEDRUCKT.

PARTNER DES NETZWERKES

GEFÖRDERT DURCH

Gerd Möller-Stiftung